特別支援教育で役立つ

かけ算・わり算の

計算と文章題のドリル

算数障害のある子への
指導法もわかる

熊谷恵子・山本ゆう 著

Gakken

もくじ

□ ー
→ ▤ ー-1
→ ▤ ー-2

CD内に19個の
フォルダがあり、
その中にプリント
用ファイルが入っ
ています。

データ内の番号表示について

▤ ー－ー

↑　　　↑ ── 何枚目のプリントであるかを表示

「かけ算の意味を理解する①」など、学習内容を表示

※フォルダ内に、「学習のポイントとすすめ方」で紹介しているカードや
　シートなどのデータが収録されている場合もあります。

本書の使い方

本書は、かけ算やわり算、ひっ算の考え方や
手続きが身につきにくいお子さんが、学校の
授業でみんなと一緒に、または個別の学習で
理解し、習得するためのドリルです。

文章題

　かけ算とわり算でそれぞれどのようなことを表せるのか、意味を理解すること
がとても重要です。そのため、本書ではかけ算とわり算を使う場面を絵でイメー
ジすることを丁寧に行います。例えば、かけ算の「1あたりの数×いくつ分」の
考え方は「りんごが3個ずつ2皿分ある」といった問題で、お皿とりんごの絵を
見たり描いたりしながら式に表します。

　それに続く「〇倍」の考え方は「姉さんのビー玉の数はぼくの3倍」といった
問題で、もとになる数を1つのかたまりとして表し、テープ図（線分図）の考え
方につなげていきます。このように段階的に学べるようにすることが大切です。

また、わり算では、等分除、包含除やあまりがあるというのはどういった状況
なのか、具体的にイメージしながら意味を理解して解けるようになることが必要
です。そうしないと、「あめが10個あり、3個ずつ袋につめると、あまりはい
くつになりますか？」といった問題で、「答えの1につける単位があめの『個』
なのか袋の『枚』なのかわからない」といったことが起きてしまうのです。

九九

　日本には、「インイチガイチ、インニガニ……」という覚えやすい独特な言い回しがあります。これは、かけ算の学習のはじめに、九九を聴覚的に覚えるために有効です。しかし、聴覚的な情報が覚えにくい子にとっては、九九表という視覚的な情報で覚えることが効果的です。

　また、九九を覚えきることが難しかったり、新しいことをたくさん覚えることに不安をもつ子のために、まずは、かける数もかけられる数も5までの整数の計算について、作業をとおして理解できるようにするとよいでしょう。本書では「ミニ九九表を作る」（P.19）という活動を紹介しています。

ミニ九九表				
1×1=1	2×1= 2	3×1= 3	4×1= 4	5×1= 5
1×2=2	2×2= 4	3×2= 6	4×2= 8	5×2=10
1×3=3	2×3= 6	3×3= 9	4×3=12	5×3=15
1×4=4	2×4= 8	3×4=12	4×4=16	5×4=20
1×5=5	2×5=10	3×5=15	4×5=20	5×5=25

ひっ算

　九九という暗算の範囲を超えたかけ算、わり算は、ひっ算が必要になってきます。この計算の手続きを素早く行い正答を導き出す過程には、細かく捉えるとさまざまな作業が含まれ、いろいろな力が必要となります。

　例えば、あまりのあるわり算では、単に「かけ算の式を逆にたどればよい」というわけではありません。わり算のひっ算では、まず、仮に商を立てて見比べながら商を検討する必要があります。また、あまりは、もとの数からかけ算の答えをひき算して出さなければなりません。

　これらの作業は、ワーキングメモリに負荷がかかり、逆思考で進めなければならない事項が随所にあり、学習障害でなくても数の概念があいまいな段階の子どもにとって、難しいことがよくあります。

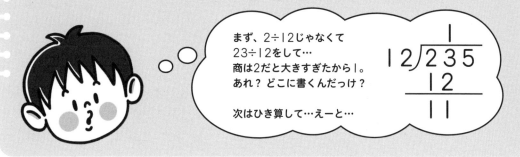

5

ひっ算では、空間の位置関係を捉えることが苦手な子は、数字の桁をそろえて書いたり、くり上がり・くり下がりの数を書き留めたりするところでつまずくことがあります。一方で、計算の手続きが覚えられず、いつまでも計算ができないという子もいます。子どもの苦手さに合わせて支援することが大切です。

　これらの苦手さは、加減乗除のひっ算で共通して表れます。また、かけ算・わり算のひっ算で正答に結びつかないという子の中には、実はかけ算の中でくり上がりの数字をたす手続きや、わり算であまりを出すときにひき算をする手続きを間違えている子も多いのです。そのような場合には、たし算・ひき算のひっ算のページにも取り組んでみてください。

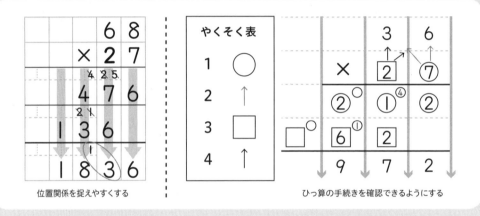

位置関係を捉えやすくする　　　　　　　　ひっ算の手続きを確認できるようにする

　文章題のところでかけ算・わり算がもつ意味を理解する重要性について述べましたが、せっかく式が書けても計算が正確にできなければ、正答にはなりません。意味や理解を支える一方で、そのときには理解が伴っていなかったとしても、作業として進めて正答できるという経験を重ねられるようにし、自信をつけることも大切です。そのため、ひっ算や「100×200」のような大きな数の計算などのページでは、手続きを楽しく覚えやすくする方法も紹介しています。

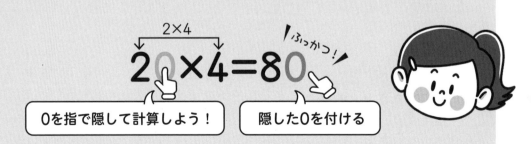

数直線

わり算で商を立てる過程は特に複雑です。商を立てる際に、「だいたいこれくらい」というおよその数がわかるとスムーズですが、そのためには数概念（序数性・基数性）がしっかりと定着していることが前提となります。そこで、数直線の中での数の位置関係が把握しやすくなる練習問題も収録しています。

【序数性】その数が系列の中の順番を表していること

「序数性」を習得していることは、数が順番に並んでいることはわかるのですが、基数性がわからなければそれらが等間隔に並んでいることは理解できないのです。

序数性は理解できているが、基数性の理解が不十分だと…

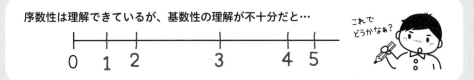

【基数性】その数が1に対してその量を表していること

「基数性」を習得しているということは、基の数に対する、その数との量的な関係がわかることです。数が大きくなると、2倍、3倍と増えること、およそどれくらいになるか（概数）、これに対してどれくらい（割合と量）などをイメージすることが重要ですが、基数性が理解できないと、例えば、「5 × 100」をひっ算でしか解けないなどの姿につながります。

序数性も基数性も理解できていると…

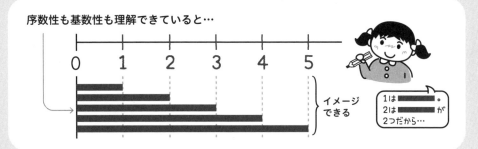

およその数（概数）

買い物などの場面で、所持金でどのくらい買うことができるか、ということを素早く頭の中で概算できるようになると便利です。本書では、算数で学んだ力を、日々の生活で実際に役立つ、生きる力につなげていくことを目標にしています。

本書の使い方のポイント

　本書は、算数障害など認知能力にアンバランスがある子どもがつまずきやすい点について、特に丁寧に段階的に学べるように構成しています。例えば、日常でかけ算やわり算を使う場面を文章題にし、子どもが絵や図で表し、数がやりとりされる状況や数の表す分量をイメージしながら立式することで、かけ算やわり算の意味を理解しやすくしています。

　九九を覚えるにあたっても、実作業をとおして九九の意味や数の性質に気がつくための工夫や、子どもの特性に配慮して覚えやすいほうを選べる九九表を紹介しています。さらに、九九の範囲を超えた大きな数のひっ算では、計算の手続きを子どもが自分で確認し、うまく書き進められるシートを用意しています。子どもが自信をもって取り組み、「できた！」経験を支えてほしいと思います。

　本書に取り組む際には、最初から順にすべてのページを解く必要はなく、大人が「（授業などで）今、お子さんたちと取り組みたい」と考えるページから始めていただいて構いません。個別で支援する場面では「ここはできそうかな？」と思われるページから始め、もしつまずく様子が見られたら、適宜ページをさかのぼるようにすると取り組みやすいでしょう。

お子さんの課題	該当する章
文章題で式に表せない 文章題で加減乗除のうち何を使ってよいかわからない	**1**、**4**〜**9**
九九が覚えられない	**2**、**3**
ひっ算の手続きが覚えられない ノートがぐちゃぐちゃになる	**11**〜**14**
簡単な計算もひっ算で答えを出す	**10**
わり算の商が立てられない 数量のイメージがあいまいで実感を伴わない	**15**〜**18**
日常の生活場面にかけ算・わり算を生かしたい	**19**

　本書が、お子さんが楽しく学び、自分への期待感をもてるようになること、それを支える大人が共に成長し続けられることの一助になれば幸いです。

2021年8月

熊谷恵子・山本ゆう

CD-ROMの使い方

⚠ 注 意 ご使用前に必ずお読みください。

- 本来の目的以外の使い方はしないでください。
- 必ず対応のパソコンで再生してください。
- 直射日光の当たる場所で使用または放置・保管しないでください。反射光で火災の起きるおそれや目を痛めるおそれがあります。
- ディスクを投げたり、振り回すなどの乱暴な扱いはしないでください。
- ひび割れ・変形・接着剤で補修したディスクは使用しないでください。
- 火気に近づけたり、熱源のそばには放置しないでください。
- 使用後はケースに入れ、幼児の手の届かないところに保管してください。

<取り扱い上の注意>
- ディスクは両面ともに、指紋・汚れ・キズ等を付けないように扱ってください。
- ディスクは両面ともに、鉛筆・ボールペン・油性ペン等で文字や絵を書いたり、シール等を貼り付けないでください。
- ディスクが汚れた場合は、メガネ拭きのような柔らかい布で、内周から外周に向かって放射状に軽く拭いてください。
- レコードクリーナー、ベンジン・シンナー等の溶剤、静電気防止剤は使用しないでください。
- 直射日光の当たる場所、高温・多湿な場所での保管は、データの破損につながることがあります。また、ディスクの上から重たいものを載せることも同様です。

<利用についての注意>
- CD-ROMドライブ搭載のパソコンで再生してください（OSやマシンスペック等により再生できないことがあります。この場合は各パソコン、ソフトのメーカーにお問い合わせください）。
- CD-ROMに収録されているデータはPDFファイルです。PDFファイルをご覧になるにはアドビシステムズ社が配布しているAdobe Readerが必要です（無償）。Adobe Readerをインストールすることにより、PDFファイルの閲覧・印刷が可能になります。ダウンロードについては、アドビシステムズ社のサイト（https://adobe.com/jp/）をご確認ください。Adobe® Reader®はアドビシステムズ社の米国および／または各国での商標または登録商標です。Adobe Readerの不具合や利用方法については、アドビシステムズ社にお問い合わせください。

<操作方法>
- パソコンのCD-ROMドライブにディスクを挿入して、内容を確認してください。
- CD-ROMには、プリントのジャンルごとにフォルダが作成されています。フォルダの中には、プリントファイルが入っています。ご覧になりたいファイルをダブルクリックするなどして、開いてください。

<権利関係>
- 本CD-ROMに収録されている著作物の権利は、株式会社学研教育みらい、または、当該収録物の著作権者に帰属します。
- このCD-ROMを個人で使用する以外は、権利者の許諾なく譲渡・貸与・複製・インターネット等で使用することを禁じます。
- 図書館での館外貸与は認めません。

 【館外貸出不可】
※本書に付属のCD-ROMは、図書館およびそれに準ずる施設において、館外へ貸し出すことはできません。

<問い合わせ先>
- CD-ROMの内容や不具合に関するお問い合わせ先は、下記にお願いします。
株式会社学研教育みらい 「ヒューマンケアブックス」担当
電話03-6431-1576（受付時間9時〜17時 土日・祝日を除く）

1 かけ算の意味を理解する① 〜1あたりの数〜

学習のポイントとすすめ方

基本的なかけ算の仕組みを理解する

　かけ算の「1あたりの数×いくつ分＝全部の数」の意味を、具体的な場面を用いて理解させます。意味を十分に理解したら、つぎに、新しい式（かけ算の式）の立てかたを理解させます。

かけ算の式を作ろう（プリント P.12、P.13）

　皿に載せたりんご、袋に入ったあめ、車に乗っている人など、いろいろな場面で全部の数を求めるためにかけ算の式を立てることを理解させます。

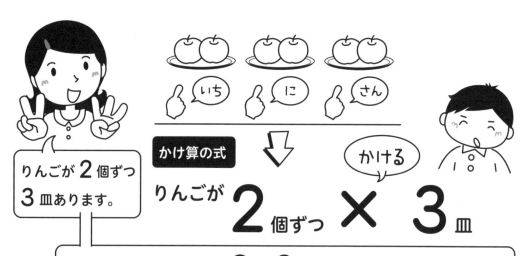

りんごが2個ずつ3皿あります。

かけ算の式

りんごが **2** 個ずつ **×** **3** 皿　かける

2個ずつが3皿あるのは、**2×3**という式で表すことができます。これを「かけ算」といいます。

れんしゅう
かけ算の式で表してみよう！

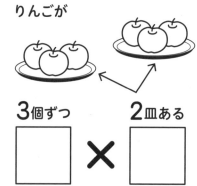

りんごが

3個ずつ　　□　×　□　2皿ある

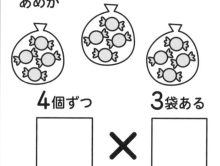

あめが

4個ずつ　　□　×　□　3袋ある

かけ算の答えをたし算を使って考える（プリント P.14 ～ P.17）

かけ算で表した式は、たし算で答えを出すことができることを理解させます。

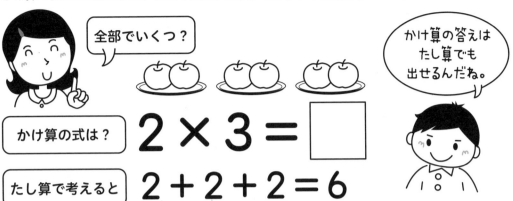

全部でいくつ？

かけ算の答えは
たし算でも
出せるんだね。

かけ算の式は？　$2 \times 3 = \boxed{}$

たし算で考えると　$2 + 2 + 2 = 6$

九九を覚える意欲を引き出す

①かけ算の答えをたし算を用いて出すことを繰り返し、数が大きくなっていくと計算が大変になっていくことに気がつくようにします。

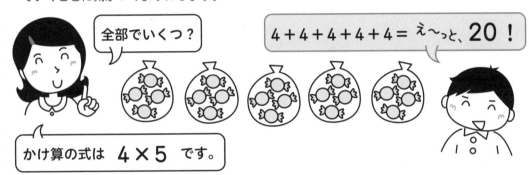

全部でいくつ？

$4 + 4 + 4 + 4 + 4 =$ え～っと、20！

かけ算の式は　4×5　です。

②簡単に計算するために、答えを覚えてしまう方法（九九）があることを伝え、九九の暗記への意欲を高めます。

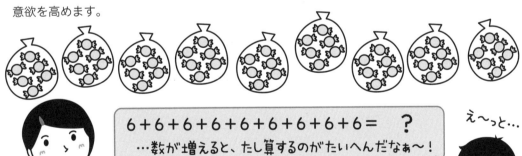

$6 + 6 + 6 + 6 + 6 + 6 + 6 + 6 + 6 =$　？

…数が増えると、たし算するのがたいへんだなぁ～！

え～っと…

九九表

×1

9×9

→24ページ参照

かけ算の式は　6×9　です。
よく使うかけ算の答えを「九九表」で覚えておくと
便利ですよ。

かける数が9まで、1×1 から 9×9 までを表した「九九表」というものがあり、九九を覚えると簡単に計算ができ、便利であることを伝えます（ここでは紹介のみで十分です）。

□の 中に 入る 数を 書きましょう。

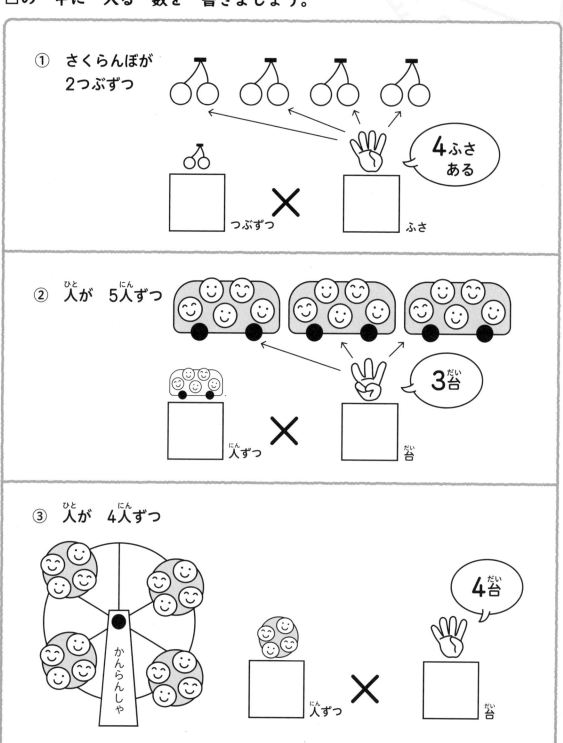

□の 中に 入る 数を 書きましょう。

① おりがみを 3まいずつ 2人に

 ✕

まいずつ　　　人

② めだかを 1ぴきずつ 3人に

 ✕

ぴきずつ　　　人

③ たこやきを 6こずつ 5さら

 ✕

こずつ　　　さら

絵を　見て，かけ算で　あらわしましょう。
答えは，たし算を　つかって　出します。

あめが　2こずつ　ふくろに　入って　います。
ふくろは　4つ　あります。
あめは　ぜんぶで　何こ　ありますか。

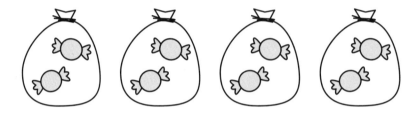

（かけ算の　しき）

□ こずつ　✕　□ ふくろ　＝　□ こ

⬇

（たし算の　しき）

2こ ＋ 2こ ＋ 2こ ＋ 2こ ＝ □ こ

（答え）

□ こ

1-4

絵を 見て，かけ算で あらわしましょう。
答えは，たし算を つかって 出します。

あめが 3こずつ ふくろに 入って います。
ふくろは 5つ あります。
あめは ぜんぶで 何こ ありますか。

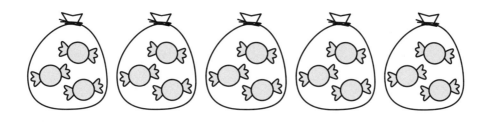

（かけ算の しき）

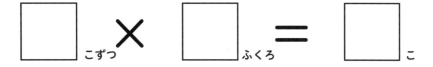

□こずつ × □ふくろ = □こ

⬇

（たし算の しき）

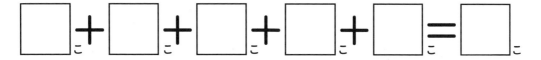

□こ ＋ □こ ＋ □こ ＋ □こ ＋ □こ = □こ

（答え）

こ

1-5

絵に かいて 考え，かけ算で あらわしましょう。

もんだい

❶ 7本の えんぴつが ふでばこに 入って います。

❷ ふでばこは 4こ あります。

❸ えんぴつは ぜんぶで 何本 あるでしょう。

答えは，たし算を つかって 出します。

（絵）

（かけ算の しき）

□ × □ = □

（たし算の しき）

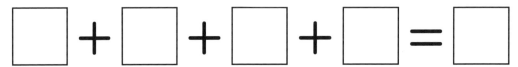

□ ＋ □ ＋ □ ＋ □ ＝ □

（答え）

□ 本

 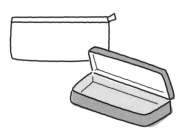

絵に かいて 考え，かけ算で あらわしましょう。

もんだい

❶ 8この たまごが かごに 入って います。

❷ かごは 3こ あります。

❸ たまごは ぜんぶで 何こ あるでしょう。

答えは，たし算を つかって 出します。

（絵）

（かけ算の しき）

⬇

（たし算の しき）

（答え）

こ	

学習のポイントとすすめ方

かける数が5までの九九を理解する

　九九を覚えてかけ算で活用できるようになるには、いきなり九九表のすべてを覚えるのではなく、かける数が5までの範囲を図を使って示し、九九の法則について理解させます。

【2の段】から九九の仕組みを理解する（プリント P.20、P.21）

$2 \times 1 = 2$ （2こ）

$2 \times 2 = 4$ 　　　　$2 + 2 = 4$

$2 \times 3 = 6$ 　　　　$2 + 2 + 2 = 6$

$2 \times 4 = 8$ 　　　　$2 + 2 + 2 + 2 = 8$

$2 \times 5 = 10$ 　　　$2 + 2 + 2 + 2 + 2 = 10$

2の段では、かける数が1増えるごとに答えは2ずつ増えることに気づかせます。

$2 \times 1 = 2$ 　2だね！

$2 \times 2 = 4$ 　4だね！

2ずつ増えるね。では、□に入る数は何だと思う？

6！

$2 \times 3 = \square$

$2 \times 4 = 8$

$2 \times 5 = \square$

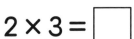   

2×5 の答えは 2×4 の答えより 2 大きいよ。

2の段の理解（P.18）を参考に、1～5の段でかける数が5までのかけ算を表にしていきます。

りんごの数を変えて考えてみましょう。
2この場合は2ずつ増えたね？

そうか！
3個のときは
3ずつ増えるんだね！

$1×1= 1$　$2×1= 2$　$3×1= 3$
$1×2= 2$　$2×2= 4$　$3×2= 6$
$1×3= 3$　$2×3= 6$　$3×3=\boxed{}$　6+3で $\boxed{9}$
$1×4= 4$　$2×4= 8$　$3×4=12$
$1×5= 5$　$2×5=10$　$3×5=15$

$4×1= 4$　　4ずつ増える
$4×2= 8$
$4×3=\boxed{}$　8+4で $\boxed{12}$
$4×4=16$
$4×5=20$

$5×1= 5$　　5ずつ増える
$5×2=10$
$5×3=15$
$5×4=\boxed{}$　15+5で $\boxed{20}$
$5×5=25$

「ミニ九九表」が
できたね！

1つの式ごとに確認しながら、以下のような表にまとめていく作業を行うと、子どもは達成感をもって数の変化を理解することができます。

九九表

ミニ九九表								
1×1=1	2×1= 2	3×1= 3	4×1= 4	5×1= 5	6×1= 6	7×1= 7	8×1= 8	9×1= 9
1×2=2	2×2= 4	3×2= 6	4×2= 8	5×2=10	6×2=12	7×2=14	8×2=16	9×2=18
1×3=3	2×3= 6	3×3= 9	4×3=12	5×3=15	6×3=18	7×3=21	8×3=24	9×3=27
1×4=4	2×4= 8	3×4=12	4×4=16	5×4=20	6×4=24	7×4=28	8×4=32	9×4=36
1×5=5	2×5=10	3×5=15	4×5=20	5×5=25	6×5=30	7×5=35	8×5=40	9×5=45
1×6=6	2×6=12	3×6=18	4×6=24	5×6=30	6×6=36	7×6=42	8×6=48	9×6=54
1×7=7	2×7=14	3×7=21	4×7=28	5×7=35	6×7=42	7×7=49	8×7=56	9×7=63
1×8=8	2×8=16	3×8=24	4×8=32	5×8=40	6×8=48	7×8=56	8×8=64	9×8=72
1×9=9	2×9=18	3×9=27	4×9=36	5×9=45	6×9=54	7×9=63	8×9=72	9×9=81

※「ミニ九九表」は、付属の CR-ROM[2] に収録されています。

□の　中に　入る　数を　書きましょう。

やりかた

$2 \times 1 = 2$　🍎 ②こ

$2 \times 2 = 4$　🍎🍎　　　　$2+2=4$

$2 \times 3 = 6$　🍎🍎🍎　　$2+2+2=6$

$2 \times 4 = 8$　🍎🍎🍎🍎　$2+2+2+2=8$

$2 \times 5 = 10$ 🍎🍎🍎🍎🍎 $2+2+2+2+2=10$

（やってみよう）

$3 \times 1 = 3$

$3 \times 2 = 6$
$3 + 3 = 6$

$3 \times 3 = 9$
$3 + 3 + 3 = 9$

$3 \times 4 = \boxed{}$
$3 + 3 + 3 + 3 = 12$

$3 \times 5 = \boxed{}$
$3 + 3 + 3 + 3 + 3 = 15$

□の 中に 入る 数を 書きましょう。

①

$4 × 1 = 4$

$4 × 2 = 8$ $4 + 4 = 8$

$4 × 3 = \boxed{}$ $4 + 4 + 4 = 12$

$4 × 4 = \boxed{}$ $4 + 4 + 4 + 4 = 16$

$4 × 5 = \boxed{}$ $4 + 4 + 4 + 4 + 4 = 20$

②

$5 × 1 = 5$

$5 × 2 = \boxed{}$ $5 + 5 = 10$

$5 × 3 = \boxed{}$ $5 + 5 + 5 = 15$

$5 × 4 = \boxed{}$ $5 + 5 + 5 + 5 = 20$

$5 × 5 = \boxed{}$ $5 + 5 + 5 + 5 + 5 = 25$

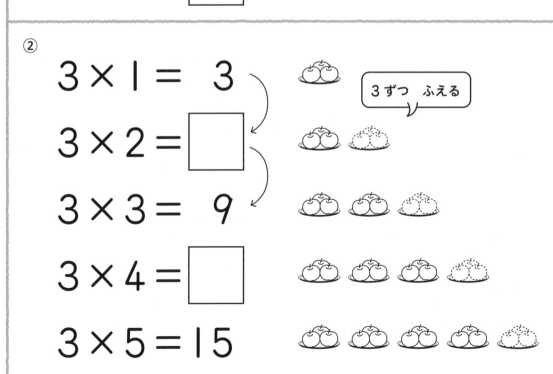

2-3

□の 中に 入る 数を 書きましょう。

①

$2 \times 1 = 2$ 　 2だね！

$2 \times 2 = 4$ 　 4だね！

$2 \times 3 = \boxed{}$ 　 2ずつ ふえるね。

$2 \times 4 = 8$

$2 \times 5 = \boxed{}$

②

$3 \times 1 = 3$

$3 \times 2 = \boxed{}$ 　 3ずつ ふえる

$3 \times 3 = 9$

$3 \times 4 = \boxed{}$

$3 \times 5 = 15$

□の 中に 入る 数を 書きましょう。

①

$4 \times 1 = 4$ 　4ずつ ふえる

$4 \times 2 = 8$

$4 \times 3 = \boxed{}$

$4 \times 4 = 16$

$4 \times 5 = \boxed{}$

②

$5 \times 1 = 5$ 　5ずつ ふえる

$5 \times 2 = \boxed{}$

$5 \times 3 = 15$

$5 \times 4 = \boxed{}$

$5 \times 5 = 25$

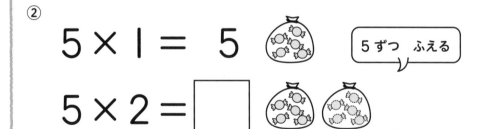

学習のポイントとすすめ方

九九表を覚えやすくする工夫をする

かけ算の式と答えをいきなり81個も覚えるのは大変です。九九表をよく見て、計算と答えの成り立ちに法則があることに気づくことで、九九表を覚えようというモチベーションを高めます。

ポイント① 答えが同じになる式を探す

九九表の中から、同じ答えになるものを探します。その共通点を考え、かけられる数とかける数を入れ替えても同じ答えであることに気づかせます。

$$2×3=6 \qquad 4×5=20$$
$$3×2=6 \qquad 5×4=20$$

九九表の半分を覚えればよいことを示すことで、子どもの意欲を支えます。

九九表

1の段	2の段	3の段	4の段	5の段	6の段	7の段	8の段	9の段
1×1=1	2×1= 2	3×1= 3	4×1= 4	5×1= 5	6×1= 6	7×1= 7	8×1= 8	9×1= 9
1×2=2	2×2= 4	3×2= 6	4×2= 8	5×2=10	6×2=12	7×2=14	8×2=16	9×2=18
1×3=3	2×3= 6	3×3= 9	4×3=12	5×3=15	6×3=18	7×3=21	8×3=24	9×3=27
1×4=4	2×4= 8	3×4=12	4×4=16	5×4=20	6×4=24	7×4=28	8×4=32	9×4=36
1×5=5	2×5=10	3×5=15	4×5=20	5×5=25	6×5=30	7×5=35	8×5=40	9×5=45
1×6=6	2×6=12	3×6=18	4×6=24	5×6=30	6×6=36	7×6=42	8×6=48	9×6=54
1×7=7	2×7=14	3×7=21	4×7=28	5×7=35	6×7=42	7×7=49	8×7=56	9×7=63
1×8=8	2×8=16	3×8=24	4×8=32	5×8=40	6×8=48	7×8=56	8×8=64	9×8=72
1×9=9	2×9=18	3×9=27	4×9=36	5×9=45	6×9=54	7×9=63	8×9=72	9×9=81

ポイント② 1の段の仕組み

1の段は、かける数と答えが同じであることに気づかせます。

九九は全部で81個あるけど…
覚えるのは36個だけでいいんだね！

ポイント③　答えが同じになるかけ算の式について理解を深める

かけられる数とかける数を入れ替えても答えは同じであることの理由を以下のような図で示し、理解を深めます。

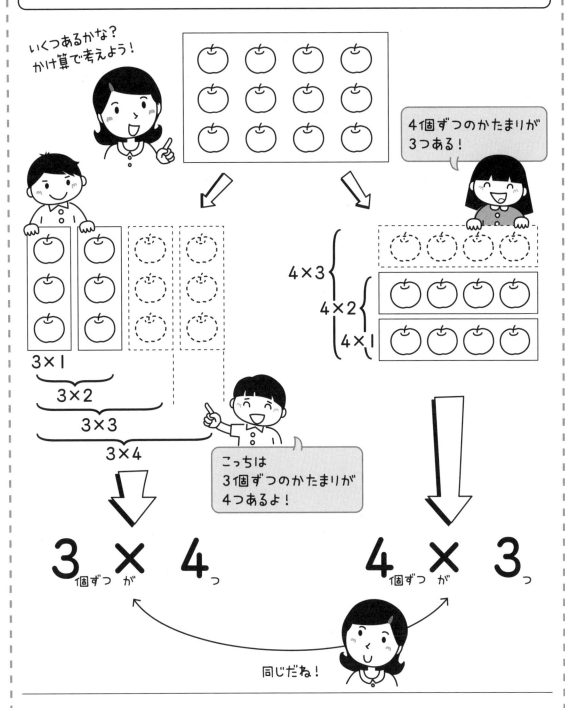

いくつあるかな？
かけ算で考えよう！

4個ずつのかたまりが
3つある！

4×3
4×2
4×1

3×1
3×2
3×3
3×4

こっちは
3個ずつのかたまりが
4つあるよ！

3 個ずつ が 4 つ　　　　　4 個ずつ が 3 つ

同じだね！

プリント（P.26 ～ 29）を使ってこの仕組みを繰り返し確かめることで、同じかけ算に何度も触れることになり、覚えやすくなります。

3-1

□の 中に 入る 数を 書きましょう。

①

$$\boxed{} \times \boxed{}$$
こずつ が　　　　つ

$$\boxed{} \times \boxed{}$$
こずつ が　　　　つ

②

$$\boxed{} \times \boxed{}$$
こずつ が　　　　つ

$$\boxed{} \times \boxed{}$$
こずつ が　　　　つ

3-2

□の 中に 入る 数を 書きましょう。

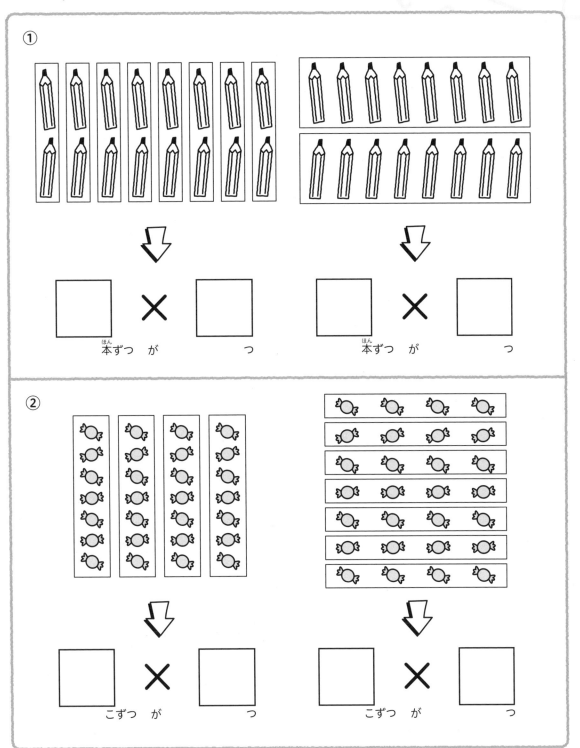

① 　□ × □
　　本ずつ が 　　つ　　　　本ずつ が 　　つ

② 　□ × □
　　こずつ が 　　つ　　　　こずつ が 　　つ

□の 中に 入る 数を 書きましょう。

① $4 \times 1 = \boxed{} \times 4$

② $9 \times 2 = \boxed{} \times 9$

③ $7 \times 8 = \boxed{} \times 7$

④ $6 \times 7 = \boxed{} \times 6$

⑤ $8 \times 3 = \boxed{} \times 8$

3-4

□の 中に 入る 数を 書きましょう。

① $2 \times 7 = 7 \times \boxed{}$

② $3 \times 5 = 5 \times \boxed{}$

③ $8 \times 6 = 6 \times \boxed{}$

④ $5 \times 9 = 9 \times \boxed{}$

⑤ $4 \times 2 = 2 \times \boxed{}$

かけ算の意味を理解する② 〜倍の概念〜

学習のポイントとすすめ方

「〇倍」の意味を理解する

　かけ算には大きく分けて2つの意味があり、**1**で学んだ1あたりの数（P.10-11）のほかに、倍の概念があることを理解させます。

ある数の〇倍はいくつ？（プリント P.32）

　「何倍」という場面を具体的に設定して、かけ算の意味を考えます。

> お父さんは　ぼくの　**2倍**、
> おすもうさんは　ぼくの　**3倍**
> ごはんを　食べます！

ごっつあんです！

おすもうさん

おかわり！

おかわり！

お父さん

おかわり！

ぼく

2ぜん

$2 \times 2 = 4$
2倍

$2 \times 3 = 6$
3倍

　まずは、りんごの数のような個々の数（分離量）を扱って「何倍」という考え方を視覚的に理解させます。

ぼく　　姉さん　　2倍

> 姉さんは　ぼくの　2倍
> りんごを　食べる。

式で表すと

ぼく　　　　　　姉さん
$3 \times 2 = 6$
個　　倍　　個

かけられる数をひとかたまりで表す（プリント P.33 〜 P.35）

かけられる数をひとかたまりにして表し、テープ図（線分図）の考え方につなげていきます。

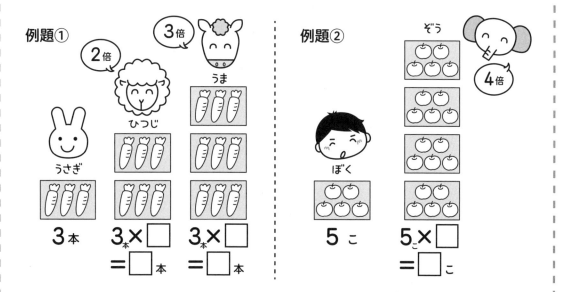

これらは、かけ算の意味を理解して式で表すことができることを目的としています。

実際に式を立てて答えを出すときは、P.19で作成したミニ九九表（CD-ROM［2］参照）を用いながら答えを出します。

ミニ九九表				
1×1=1	2×1= 2	3×1= 3	4×1= 4	5×1= 5
1×2=2	2×2= 4	3×2= 6	4×2= 8	5×2=10
1×3=3	2×3= 6	3×3= 9	4×3=12	5×3=15
1×4=4	2×4= 8	3×4=12	4×4=16	5×4=20
1×5=5	2×5=10	3×5=15	4×5=20	5×5=25

連続量でも、下の図のように基準となる量や長さなどを捉え、それと比べて何倍あるかを考えてみるとよいでしょう。

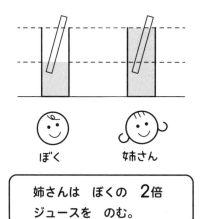

姉さんは ぼくの 2倍
ジュースを のむ。

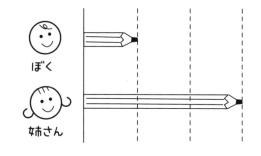

姉さんの えんぴつの 長さは
ぼくの 3倍 です。

□の　中に　入る　数を　書きましょう。

①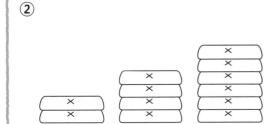

1) 姉さんは　ぼくの　2ばい　りんごを　食べる。

（しき）　$3_こ$ × □ばい ＝ □こ（姉さん）

2) 兄さんは　ぼくの　3ばい　りんごを　食べる。

（しき）　$3_こ$ × □ばい ＝ □こ（兄さん）

②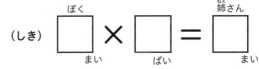

1) 姉さんの　ざぶとんの　まい数は　ぼくの　2ばい。

（しき）　□まい（ぼく） × □ばい ＝ □まい（姉さん）

2) 兄さんの　ざぶとんの　まい数は　ぼくの　3ばい。

（しき）　□まい（ぼく） × □ばい ＝ □まい（兄さん）

③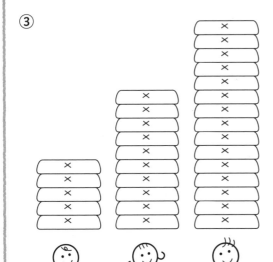

1) 姉さんの　ざぶとんの　まい数は　ぼくの　2ばい。

（しき）　□まい（ぼく） × □ばい ＝ □まい（姉さん）

2) 兄さんの　ざぶとんの　まい数は　ぼくの　3ばい。

（しき）　□まい（ぼく） × □ばい ＝ □まい（兄さん）

4−2

□の 中に 入る 数を 書きましょう。

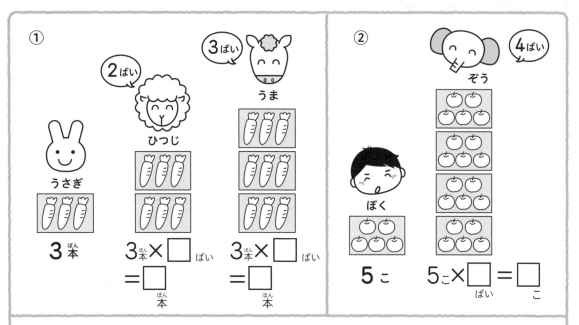

① 2ばい ひつじ 3ばい うま

うさぎ 3本

$3本 × \square ばい$
$= \square 本$

$3本 × \square ばい$
$= \square 本$

② ぞう 4ばい

ぼく

5こ

$5こ × \square ばい = \square こ$

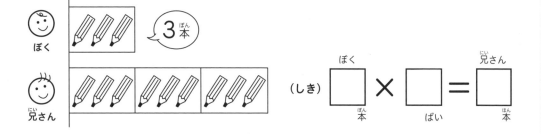

③ 兄さんは えんぴつを ぼくの 3ばい もって います。

ぼく 3本

兄さん

(しき) $\square 本 × \square ばい = \square 本$
（ぼく）　（ばい）　（兄さん）

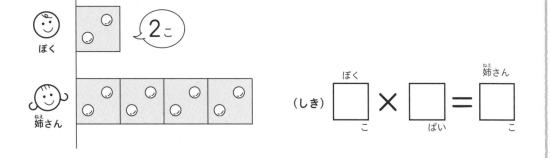

④ 姉さんは ビー玉を ぼくの 4ばい もって います。

ぼく 2こ

姉さん

(しき) $\square こ × \square ばい = \square こ$
（ぼく）　（ばい）　（姉さん）

絵を　見て，かけ算で　あらわしましょう。
答えは，九九表を　見て　書きます。

もんだい

❶　みかんが　4こ　あります。

❷　みかんの　3ばいの　数の　りんごが　あります。

❸　りんごは　何こ　ありますか。

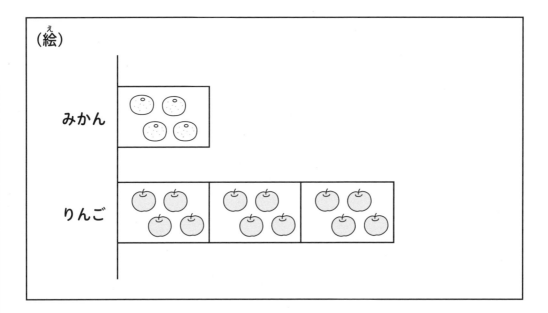

（絵）

みかん

りんご

（かけ算の　しき）

（答え）

こ

絵に かいて 考え，かけ算で あらわしましょう。
答えは，九九表を 見て 書きます。

もんだい
❶ りんごが 3こ あります。
❷ りんごの 5ばいの 数の みかんが あります。
❸ みかんは 何こ ありますか。

(絵)

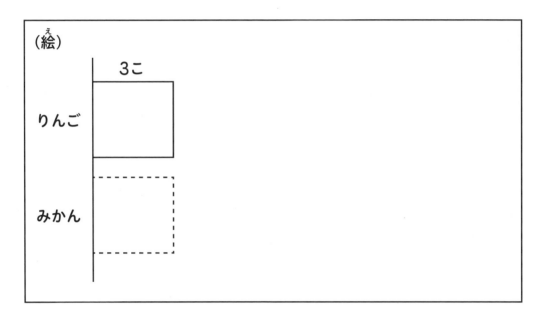

(かけ算の しき)

(答え)

こ

学習のポイントとすすめ方

九九を使った文章題に取り組む

　これまでに学んだかけ算の意味（**1** 1あたりの数・**4** 倍の概念）を振り返りながら、九九を使って文章題の答えを出します。

文章題の答えを出すまでにはプロセスがある（プリント P.38 ～ P.45）

　問題を解くには下記（1）～（3）のプロセスがあります。子どもが問題を解く様子を観察し、つまずいているところや理解が不十分なところがないかを確認しましょう。もし、解きにくそうなところがあれば、これまでのページ（**1**～**4**まで）の解説やプリントに戻って学びを深めてください。

文章題を解いてみましょう！

もんだい

❶ あめが 1はこに 2こずつ 入（はい）って います。

❷ 3はこ 買（か）うと あめは ぜんぶで 何（なん）こ ですか。

え～っと…

答えは
6こ！

あめが
2こ × 3はこ

にさんが　ろく
$2 × 3 = 6$

（1）統合過程

文章（言語）を頭の中でイメージに置き換える

（2）プランニング過程

イメージをもとに式を立てる

（3）計算して答えを出す

式の計算を正確に行う

● 計算を行うときは、子どもの実態に合わせ、九九表を見ながら行ってもよいことにします。

● 九九表は右ページのように2つのタイプがあるので、子どもが使いやすいものを使用します。

簡単に答えを出すことができる九九表を覚えよう

- 1つずつの刺激を時間的・系統的に処理する「継次処理能力」が高い子どもには、タイプ①の九九表を使い、順を追って耳で覚えていきます。
- 複数の刺激を同時に統合して処理する「同時処理能力」が高い子どもには、タイプ②の九九表を使い、全体を目で見て覚えていきます。

タイプ① ※「はっぱろくじゅうし」など九九の独特の言いまわしだと混乱する場合には、「はちはちろくじゅうよん」などと覚えてもよいでしょう。

1の だん	2の だん	3の だん	4の だん	5の だん	6の だん
いん いちが いち 1×1＝1	に いちが に 2×1＝2	さん いちが さん 3×1＝3	し いちが し 4×1＝4	ご いちが ご 5×1＝5	ろく いちが ろく 6×1＝6
いん にがに 1×2＝2	に にんがし 2×2＝4	さん にんが ろく 3×2＝6	し にが はち 4×2＝8	ご に じゅう 5×2＝10	ろく に じゅうに 6×2＝12
いん さんがさん 1×3＝3	に さんが ろく 2×3＝6	さ ざんが く 3×3＝9	し さん じゅうに 4×3＝12	ご さん じゅうご 5×3＝15	ろく さん じゅうはち 6×3＝18
いん しがし 1×4＝4	に しが はち 2×4＝8	さん し じゅうに 3×4＝12	し し じゅうろく 4×4＝16	ご し にじゅう 5×4＝20	ろく し にじゅうし 6×4＝24
いん ごがご 1×5＝5	に ご じゅう 2×5＝10	さん ご じゅうご 3×5＝15	し ご にじゅう 4×5＝20	ご ご にじゅうご 5×5＝25	ろく ご さんじゅう 6×5＝30
いん ろくが ろく 1×6＝6	に ろく じゅうに 2×6＝12	さぶ ろく じゅうはち 3×6＝18	し ろく にじゅうし 4×6＝24	ご ろく さんじゅう 5×6＝30	ろく ろく さんじゅうろく 6×6＝36
いん しちが しち 1×7＝7	に しち じゅうし 2×7＝14	さん しち にじゅういち 3×7＝21	し しち にじゅうはち 4×7＝28	ご しち さんじゅうご 5×7＝35	ろく しち しじゅうに 6×7＝42
いん はちが はち 1×8＝8	に はち じゅうろく 2×8＝16	さん ぱ にじゅうし 3×8＝24	し は さんじゅうに 4×8＝32	ご は しじゅう 5×8＝40	ろく は しじゅうはち 6×8＝48
いん くがく 1×9＝9	に く じゅうはち 2×9＝18	さん く にじゅうしち 3×9＝27	し く さんじゅうろく 4×9＝36	ごっ く しじゅうご 5×9＝45	ろっ く ごじゅうし 6×9＝54

7の だん	8の だん	9の だん
しち いちが しち 7×1＝7	はち いちが はち 8×1＝8	く いちが く 9×1＝9
しち に じゅうし 7×2＝14	はち に じゅうろく 8×2＝16	く に じゅうはち 9×2＝18
しち さん にじゅういち 7×3＝21	はち さん にじゅうし 8×3＝24	く さん にじゅうしち 9×3＝27
しち し にじゅうはち 7×4＝28	はち し さんじゅうに 8×4＝32	く し さんじゅうろく 9×4＝36
しち ご さんじゅうご 7×5＝35	はち ご しじゅう 8×5＝40	く ご しじゅうご 9×5＝45
しち ろく しじゅうに 7×6＝42	はち ろく しじゅうはち 8×6＝48	く ろく ごじゅうし 9×6＝54
しち しち しじゅうく 7×7＝49	はち しち ごじゅうろく 8×7＝56	く しち ろくじゅうさん 9×7＝63
しち は ごじゅうろく 7×8＝56	はっ ぱ ろくじゅうし 8×8＝64	く は しちじゅうに 9×8＝72
しち く ろくじゅうさん 7×9＝63	はっ く しちじゅうに 8×9＝72	く く はちじゅういち 9×9＝81

タイプ②

×	1	2	3	4	5	6	7	8	9
1	1	2	3	4	5	6	7	8	9
2	2	4	6	8	10	12	14	16	18
3	3	6	9	12	15	18	21	24	27
4	4	8	12	16	20	24	28	32	36
5	5	10	15	20	25	30	35	40	45
6	6	12	18	24	30	36	42	48	54
7	7	14	21	28	35	42	49	56	63
8	8	16	24	32	40	48	56	64	72
9	9	18	27	36	45	54	63	72	81

※付属の CD-ROM [5] に収録されています。

絵に かいて 考え，しきと 答えを 書きましょう。

もんだい

❶ ドーナツが 1はこに 8こずつ 入って います。

❷ 4はこ 買うと，ドーナツは ぜんぶで 何こに なるでしょう。

（絵）

（かけ算の しき）

（答え）　　　　　　　　　こ

5－2

絵に　かいて　考え，しきと　答えを　書きましょう。

> **もんだい**
>
> ❶　1本の　くしに　3こずつ　ささっている　だんごが　あります。
> ❷　9本　買うと，だんごは　ぜんぶで　何こに　なるでしょう。

（絵）

（かけ算の　しき）

（答え）
　　　　　　　　　　　こ

絵に かいて 考え，しきと 答えを 書きましょう。

もんだい

4人のりの 車が 4台 あります。
ぜんぶで 何人 のれるでしょう。

（絵）

（かけ算の しき）

（答え）　　　　　　　　　　　　　　　にん
人

絵に かいて 考え，しきと 答えを 書きましょう。

もんだい

1グループの 人数が 5人で，クラスには 6グループ あります。
クラスの 人数は 何人でしょう。

（絵）

（かけ算の しき）

（答え） | にん 人 |

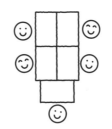

5-5

絵に　かいて　考え，しきと　答えを　書きましょう。

もんだい

❶　わたしの　ふでばこには　えんぴつが　5本　入って　います。

❷　お姉さんの　ふでばこには　わたしの　2ばいの　えんぴつが
　　入って　いるそうです。

❸　お姉さんの　ふでばこに　入って　いる　えんぴつは　何本　ですか？

（絵）

（かけ算の　しき）

（答え）

<table>
<tr><td>ぽん
本</td></tr>
</table>

5-6

絵に かいて 考え，しきと 答えを 書きましょう。

もんだい

❶ 学校で にわとりを 3羽 かって います。

❷ ひよこが 生まれて，にわとりの 3ばいの 数に なりました。

❸ ひよこは 何羽 いますか？

（絵）

（かけ算の しき）

（答え） | 羽

5–7

絵に かいて 考え，しきと 答えを 書きましょう。

もんだい

水そうに 赤い 金魚が 7ひきと その 4ばいの 数の
黒い 金魚が います。
黒い 金魚は 何びき いますか。

（絵）

（かけ算の しき）

（答え）　　　　　　　　　**ひき**

絵に かいて 考え, しきと 答えを 書きましょう。

もんだい

たろうさんは どんぐりと はっぱを あつめました。
どんぐりは 3こ, はっぱは その 4ばい あります。
たろうさんが あつめた はっぱは 何まいでしょう。

(絵)

(かけ算の しき)

(答え)

まい

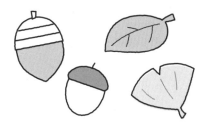

6 わり算の意味を理解する① 〜等分除〜

学習のポイントとすすめ方

わり算の意味（等分除）を理解する

わり算には**等分除**と**包含除**という 2 つの意味があります。

【等分除】… 全体をいくつかに同じように分けること

たとえば「4 個のあめを 2 人で分けると 1 人分はいくつになるか？」というような場面が等分除です。（包含除は P.60 〜で説明しています。）

「みんなで同じ数ずつ分ける」を理解する （プリント P.48 〜 P.53）

下記のように、それぞれの人に 1 個ずつ分けていくことを繰り返す方法を提示します。

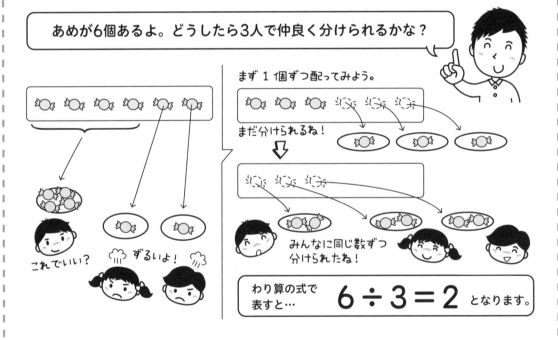

あめが6個あるよ。どうしたら3人で仲良く分けられるかな？

まず 1 個ずつ配ってみよう。

まだ分けられるね！

これでいい？　ずるいよ！

みんなに同じ数ずつ分けられたね！

わり算の式で表すと… $6 \div 3 = 2$ となります。

● 指導の際に、おはじきを使ったり、ホワイトボード上のマグネットを移動したりして、数のやりとりを実際に見せると視覚的に理解しやすくなります。

● たとえば、ある数を 3 人で分ける場合、「全員に同じ数ずつ分けること→1 回につき 3 個（1 人 1 個ずつで計 3 個）配ることになる」という等分除のわり算の意味を意識させます。

● 配る人数が多いと 1 人分が少なくなり、配る人数が少ないと 1 人分が多くなることに気がつけるとよいでしょう。

● プリントで、わり算を使う場面を絵でイメージしながら式で表すと、わり算の意味が定着します。

「あまり」が出ることに注目させる （プリント P.54 〜 P.59）

　前ページの「みんなで同じ数ずつ分ける」が十分に理解できたら、つぎは、あまりが出る場面を設定します。どうしたらよいかを子ども自身で考えさせ、みんなに等しく分けられない分は配らずに残しておくという状況を示します。

　「配れなかった分＝あまり」という意味を理解できるようにします。

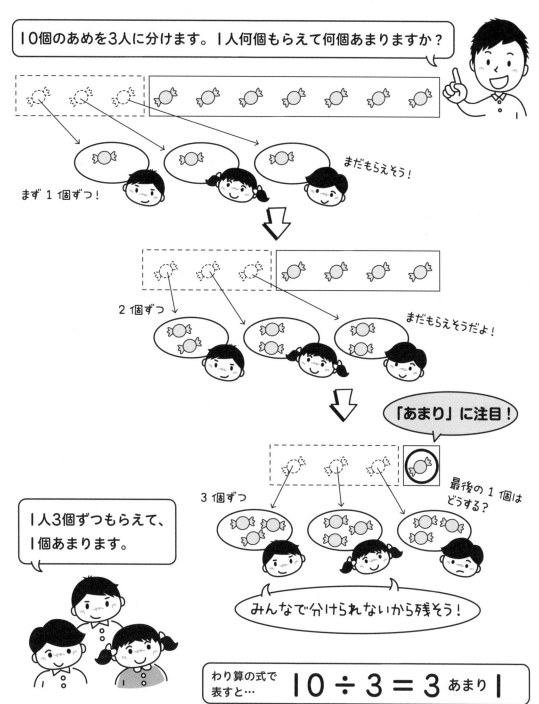

10個のあめを3人に分けます。1人何個もらえて何個あまりますか？

まず1個ずつ！

まだもらえそう！

2個ずつ

まだもらえそうだよ！

「あまり」に注目！

3個ずつ

最後の1個はどうする？

1人3個ずつもらえて、1個あまります。

みんなで分けられないから残そう！

わり算の式で表すと… 10 ÷ 3 ＝ 3 あまり 1

　絵で示し、残ったものを◯で囲むことで、それが「あまり」であることに注目できます。

（やりかた）を　見ながら，同じように　かきましょう。

4この　りんごを　2まいの　おさらに　同じ　数ずつ　分けましょう。

（やりかた）

❶　まずは　1つめを　くばろう。

| おさらを　2まい　かく | ▶ | おさらに　りんごの　絵を　かき，くばった　ものに　✖を　つける |

❷　まだ　くばれるかな？

  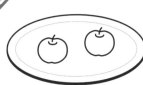

（やってみよう）

| おさらを　2まい　かく | ▶ | おさらに　りんごの　絵を　かき，くばった　ものに　✖を　つける |

6−2

6−1の　（やりかた）を　見て，もんだいに　答えましょう。

① 10この　りんごを　2まいの　おさらに　同じ　数ずつ　分けましょう。

おさらに　りんごの　絵を　かき，くばった　ものに　✕を　つける

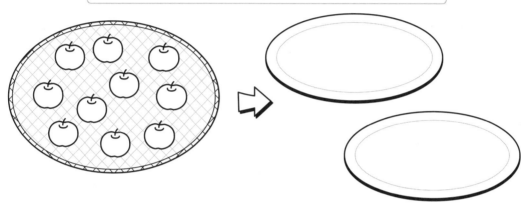

② 10この　りんごを　5まいの　おさらに　同じ　数ずつ　分けましょう。

おさらに　りんごの　絵を　かき，くばった　ものに　✕を　つける

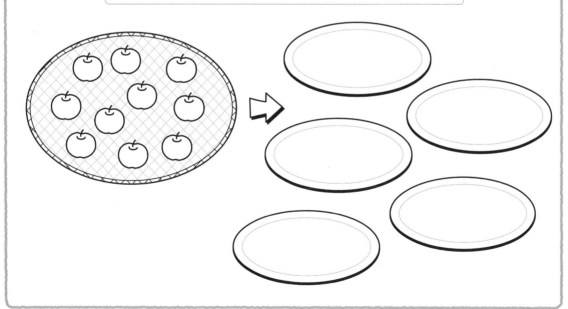

6-3

絵に かいて 考え，しきに あらわしましょう。

① 12この みかんを 3まいの おさらに 同じ 数ずつ 分けましょう。

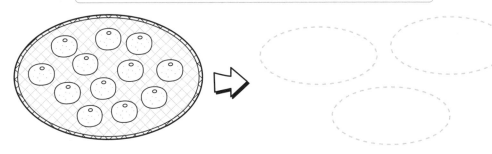

おさらに みかんの 絵を かき，くばった ものに ✕を つける

（しき） □ ÷ □ ＝ □

② 12この みかんを 4まいの おさらに 同じ 数ずつ 分けましょう。

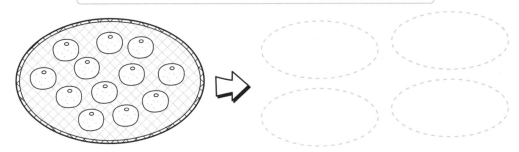

おさらに みかんの 絵を かき，くばった ものに ✕を つける

（しき） □ ÷ □ ＝ □

絵に　かいて　考え，しきに　あらわしましょう。

① 8この　いちごを　2まいの　おさらに　同じ　数ずつ　分けましょう。

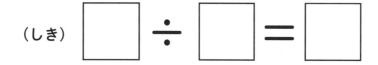
おさらと　いちごの　絵を　かき，くばった　ものに　✗を　つける

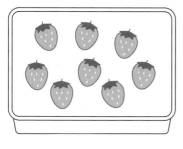

（しき）　□ ÷ □ = □

② 9この　いちごを　3まいの　おさらに　同じ　数ずつ　分けましょう。

おさらと　いちごの　絵を　かき，くばった　ものに　✗を　つける

（しき）　□ ÷ □ = □

絵に　かいて　考え，しきと　答えを　書きましょう。

❶　さくらんぼが　15つぶ　あります。

❷　3人で　同じ　数ずつ　分けます。

❸　1人分は　何つぶに　なるでしょう。

❶ さくらんぼの　絵を　かく	❷・❸ おさらと　さくらんぼの　絵を　かく

（しき）　　□　÷　□　＝　□

（しきの　いみ）　□つぶの　さくらんぼを　□人に　分けると，

1人分は　□つぶに　なる。

（答え）　❸ 1人分　　　　　　つぶ

絵に かいて 考え，しきと 答えを 書きましょう。

❶ クッキーが 20まい あります。

❷ 4人で 同じ 数ずつ 分けます。

❸ 1人分は 何まいに なるでしょう。

❶ クッキーの 絵を かく	❷・❸ おさらと クッキーの 絵を かく

⇨

（しき）　□ ÷ □ = □

（しきの いみ）　□ まいの クッキーを □ 人に 分けると，

1人分は □ まいに なる。

（答え）　❸ 1人分

まい

（やりかた）を　見ながら，同じように　かきましょう。

5この　りんごを　2まいの　おさらに　同じ　数ずつ　分けましょう。

（やりかた）

❶　まずは　1つめを　くばろう。

| おさらを　2まい　かく | ▶ | おさらに　りんごの　絵を　かき，くばった　ものに　✗を　つける |

❷　まだ　くばれるかな？
　　「あまり」に　○を　しましょう。

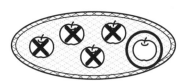

| 「あまり」に　○を　する |

（やってみよう）

| おさらを　2まい　かく | ▶ | おさらに　りんごの　絵を　かき，くばった　ものに　✗を　つける |

| 「あまり」に　○を　する |

6−8の　（やりかた）を　見て，もんだいに　答えましょう。

① 10この　りんごを　3まいの　おさらに　同じ　数ずつ　分けましょう。

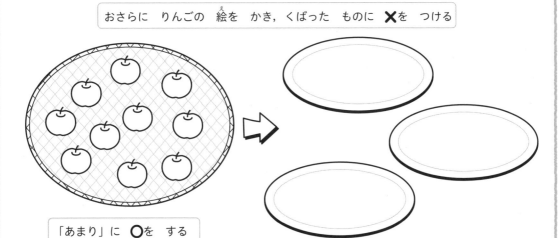

② 10この　りんごを　4まいの　おさらに　同じ　数ずつ　分けましょう。

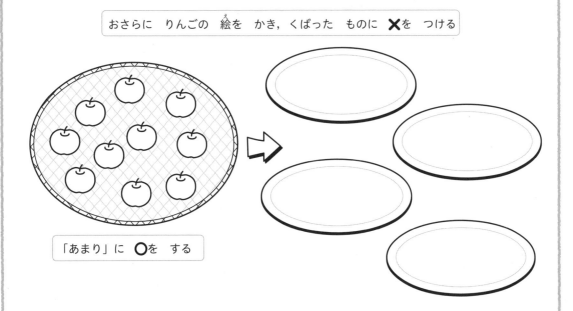

絵に かいて 考え，しきに あらわしましょう。

① 9この みかんを 4まいの おさらに 同じ 数ずつ 分けましょう。

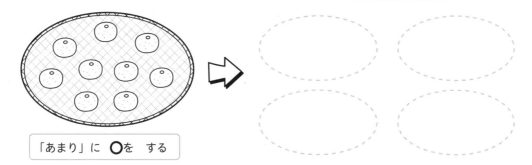

おさらに みかんの 絵を かき，くばった ものに ✖を つける

「あまり」に ◯を する

（しき）　□ ÷ □ = □ あまり □

② 9この みかんを 5まいの おさらに 同じ 数ずつ 分けましょう。

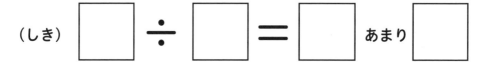

おさらに みかんの 絵を かき，くばった ものに ✖を つける

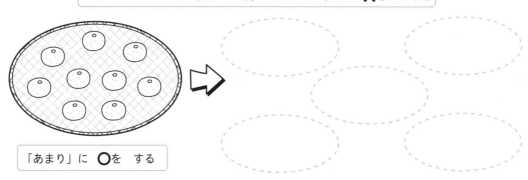

「あまり」に ◯を する

（しき）　□ ÷ □ = □ あまり □

絵に かいて 考え，しきに あらわしましょう。

① 13この いちごを 2まいの おさらに 同じ 数ずつ 分けましょう。

おさらと いちごの 絵を かき，くばった ものに ✕を つける

「あまり」に ◯を する

（しき）　□ ÷ □ = □ あまり □

② 14この いちごを 3まいの おさらに 同じ 数ずつ 分けましょう。

おさらと いちごの 絵を かき，くばった ものに ✕を つける

「あまり」に ◯を する

（しき）　□ ÷ □ = □ あまり □

6-11

絵に かいて 考え, しきと 答えを 書きましょう。

❶ さくらんぼが 15つぶ あります。

❷ 2人で 同じ 数ずつ 分けます。

❸ 1人分は 何つぶに なるでしょう。

❹ あまりは 何つぶに なるでしょう。

❶ さくらんぼの 絵を かく	❷・❸ おさらと さくらんぼの 絵を かく
❹ 「あまり」に ◯を する	

(しき)　□ ÷ □ = □ あまり □

(しきの いみ)　□ つぶの さくらんぼを □ 人に 分けると,

1人分は □ つぶに なり, □ つぶ あまる。

(答え)

❸ 1人分 　　　　つぶ	❹ あまり 　　　　つぶ

6-12

絵に　かいて　考え，しきと　答えを　書きましょう。

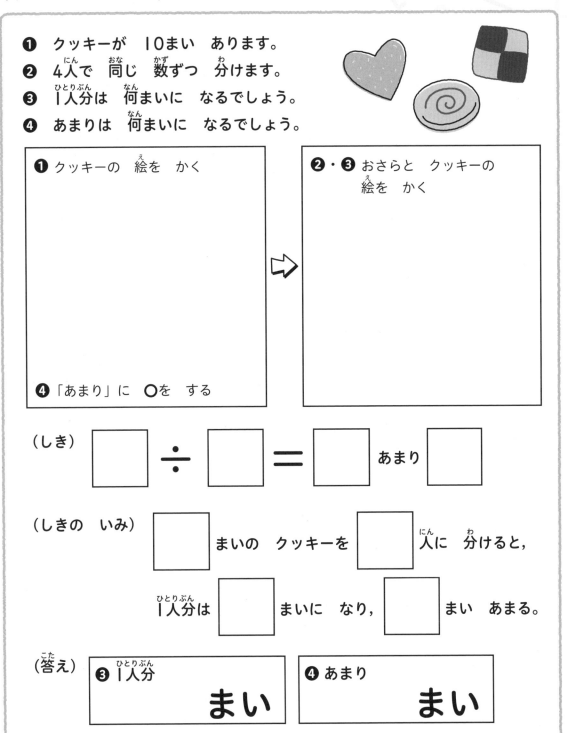

❶　クッキーが　10まい　あります。

❷　4人で　同じ　数ずつ　分けます。

❸　1人分は　何まいに　なるでしょう。

❹　あまりは　何まいに　なるでしょう。

❶ クッキーの　絵を　かく ❹ 「あまり」に　〇を　する	❷・❸ おさらと　クッキーの 　　　絵を　かく

（しき）　□ ÷ □ = □ あまり □

（しきの　いみ）　□ まいの　クッキーを　□ 人に　分けると，

　　　　1人分は　□ まいに　なり，□ まい　あまる。

（答え）

❸ 1人分 まい	❹ あまり まい

学習のポイントとすすめ方

わり算の意味（包含除）を理解する

わり算には**等分除**と**包含除**という２つの意味があります。

【包含除】… 全体をいくつかずつ同じように分けること

たとえば「４個のあめを２個ずつ分けると何人に配れますか？」というような場面が包含除です。
（等分除は P.46 ～ で説明しています。）

「指定された数ずつ分けるにはどうしたらよいか」を理解する （プリント P.62 ～ P.67）

　下記のように、指定された数ずつを１つのかたまりとして考え、何個のかたまりができるかを示します。

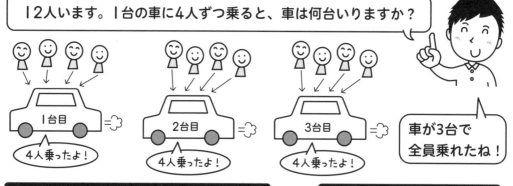

12人います。1台の車に4人ずつ乗ると、車は何台いりますか？

1台目　4人乗ったよ！
2台目　4人乗ったよ！
3台目　4人乗ったよ！

車が3台で全員乗れたね！

かけ算で考えてみると…

$4_人 \times 1_台 = 4$ のこりは $12_人 - 4_人 = 8_人$

$4_人 \times 2_台 = 8$ のこりは $12_人 - 8_人 = 4_人$

$4_人 \times 3_台 = 12$ ← みんな乗れたね！

わり算の式で表すと…

$$12 \div 4 = 3$$

（答え） 車は3台いります。

- 指導の際に、おはじきを使ったり、ホワイトボード上のマグネットを移動したりして、数のやりとりを実際に見せると視覚的に理解しやすくなります。
- 同数のひとかたまり（上の図の場合では４人でひとかたまり）が何個できるかを考えていく中で、包含除のわり算の意味を理解させます。
- １台に乗る人数が多いと、必要となる車は少なくてよいが、１台に乗る人数が少ないと、たくさんの車が必要になることに気がつけるとよいでしょう。
- プリントで、わり算を使う場面を絵でイメージしながら式で表すと、わり算の意味が定着します。

「あまり」が出ることに注目させる （プリント P.68 ～ P.73）

　前ページの「指定された数ずつ分ける」が理解できたら、つぎは、あまりが出る場面を設定します。どうしたらよいかを子ども自身で考えさせ、同じ数ずつ分けられない分は残しておくという状況を示します。

　「配れなかった分＝あまり」という意味を理解できるようにします。

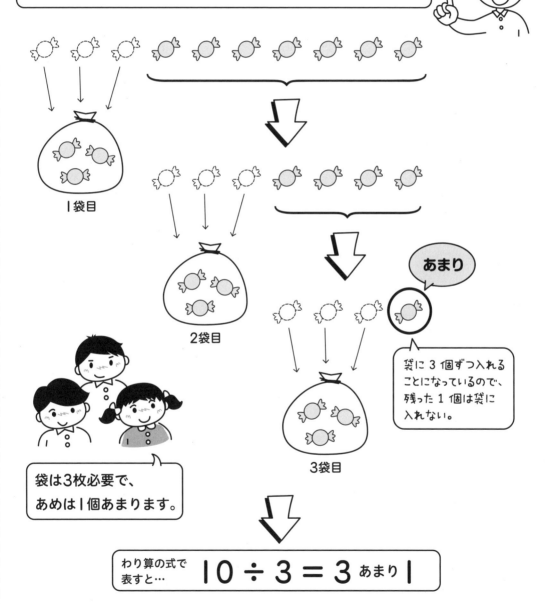

> あめが10個あります。
> 3個ずつ袋に入れると、袋は何枚必要ですか？
> あめは何個あまりますか？

1袋目

2袋目

あまり

袋に3個ずつ入れることになっているので、残った1個は袋に入れない。

3袋目

袋は3枚必要で、あめは1個あまります。

わり算の式で表すと…　10 ÷ 3 ＝ 3 あまり 1

　絵で示し、残ったものを◯で囲むことで、それが「あまり」であることに注目できます。

（やりかた）を　見ながら，同じように　かきましょう。

4この　りんごを　2つずつ　おさらに　分けましょう。

（やりかた）

❶　まずは　1まいめの　おさらに　2つ　くばろう。

| くばる　ものに　✗を　つけて，おさらに　のせた　りんごの　絵を　かく |

❷　まだ　くばれるかな？

（やってみよう）

| くばる　ものに　✗を　つけて，おさらに　のせた　りんごの　絵を　かく |

7-1の　（やりかた）を　見^みて，もんだいに　答^{こた}えましょう。

① 10この　りんごを　2つずつ　おさらに　分^わけましょう。

> くばる　ものに　✗を　つけて，おさらに　のせた　りんごの　絵^えを　かく

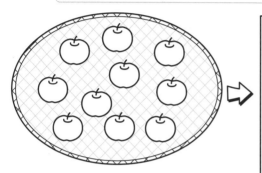 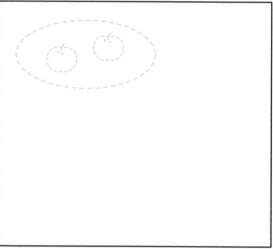

② 10この　りんごを　5つずつ　おさらに　分^わけましょう。

> くばる　ものに　✗を　つけて，おさらに　のせた　りんごの　絵^えを　かく

 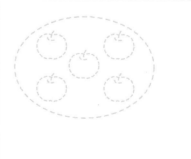

絵に かいて 考え，しきに あらわしましょう。

① 12この みかんを 2つずつ おさらに 分けましょう。

くばる ものに ✗を つけて，おさらに のせた みかんの 絵を かく

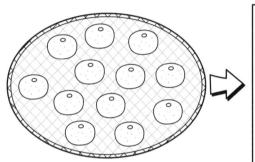

（しき） □ ÷ □ ＝ □

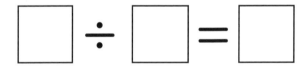

② 12この みかんを 6つずつ おさらに 分けましょう。

くばる ものに ✗を つけて，おさらに のせた みかんの 絵を かく

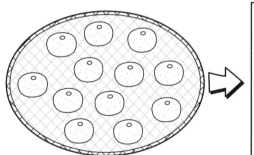

（しき） □ ÷ □ ＝ □

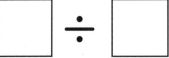

7−4

絵に かいて 考え，しきに あらわしましょう。

---

① 8この いちごを 2つずつ おさらに 分けましょう。

くばる ものに ✕を つけて，おさらに のせた いちごの 絵を かく

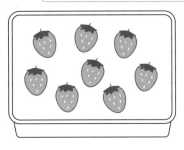

（しき）　□ ÷ □ = □

---

② 15この いちごを 3つずつ おさらに 分けましょう。

くばる ものに ✕を つけて，おさらに のせた いちごの 絵を かく

（しき）　□ ÷ □ = □

絵に かいて 考え，しきと 答えを 書きましょう。

❶ さくらんぼが 10つぶ あります。

❷ 2つぶずつ おさらに 分けます。

❸ おさらは 何まいに なるでしょう。

❶ さくらんぼの 絵を かく	❷・❸ おさらに のせた さくらんぼの 絵を かく

$\Rightarrow$

(しき) ☐ ÷ ☐ = ☐

(しきの いみ)

☐ つぶの さくらんぼを ☐ つぶずつ 分けると，

おさらは ☐ まいに なる。

(答え) ❸ おさら

まい

66

絵に かいて 考え，しきと 答えを 書きましょう。

❶ クッキーが 10まい あります。

❷ 5まいずつ おさらに 分けます。

❸ おさらは 何まいに なるでしょう。

❶ クッキーの 絵を かく	❷・❸ おさらに のせた クッキーの 絵を かく

⇨

（しき） ☐ ÷ ☐ = ☐

（しきの いみ）

☐ まいの クッキーを ☐ まいずつ 分けると，

おさらは ☐ まいに なる。

（答え） ❸ おさら

☐ **まい**

（やりかた）を　見ながら，同じように　かきましょう。

5この　りんごを　2つずつ　おさらに　分けましょう。

（やりかた）

❶　まずは　1まいめの　おさらに　2つ　くばろう。

> くばる　ものに　✗を　つけて，おさらに　のせた　りんごの　絵を　かく

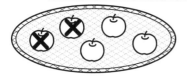 

❷　まだ　くばれるかな？
　　「あまり」に　〇を　しましょう。

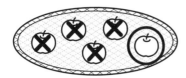  

> 「あまり」に　〇を　する

（やってみよう）

> くばる　ものに　✗を　つけて，おさらに　のせた　りんごの　絵を　かく

> 「あまり」に　〇を　する

7-7の　（やりかた）を　見て，もんだいに　答えましょう。

① 10この　りんごを　3つずつ　おさらに　分けましょう。

> くばる　ものに　✗を　つけて，おさらに　のせた　りんごの　絵を　かく

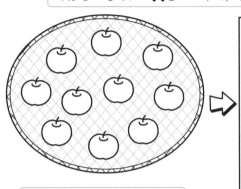

「あまり」に　⭕を　する

② 10この　りんごを　4つずつ　おさらに　分けましょう。

> くばる　ものに　✗を　つけて，おさらに　のせた　りんごの　絵を　かく

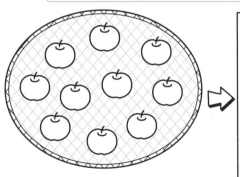

「あまり」に　⭕を　する

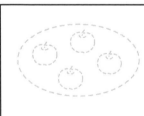

絵に かいて 考え，しきに あらわしましょう。

① 9この みかんを 4つずつ おさらに 分けましょう。

くばる ものに ✖を つけて，おさらに のせた みかんの 絵を かく

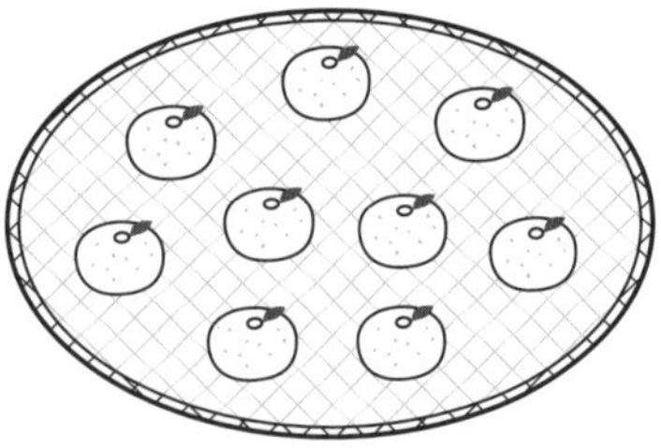

「あまり」に ◯を する

（しき）　□ ÷ □ = □ あまり □

② 9この みかんを 5つずつ おさらに 分けましょう。

くばる ものに ✖を つけて，おさらに のせた みかんの 絵を かく

「あまり」に ◯を する

（しき）　□ ÷ □ = □ あまり □

絵に かいて 考え，しきに あらわしましょう。

① 13この いちごを 2こずつ おさらに 分けましょう。

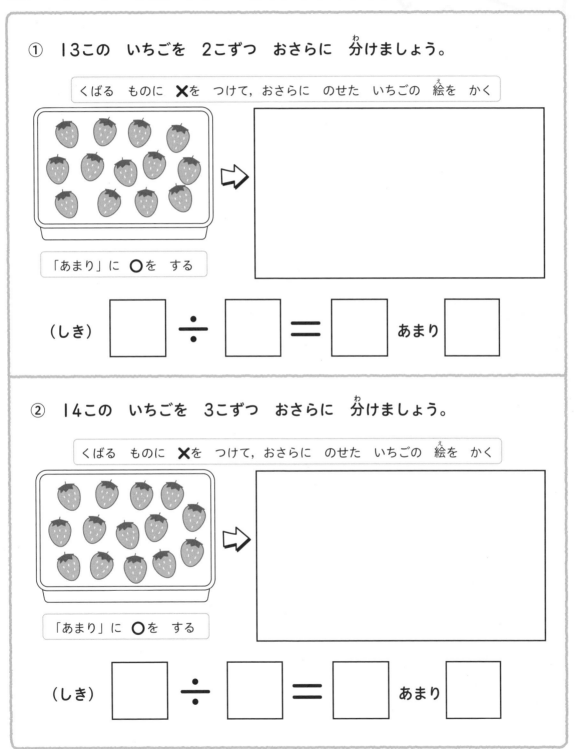

くばる ものに ✕を つけて，おさらに のせた いちごの 絵を かく

「あまり」に ◯を する

(しき) ☐ ÷ ☐ = ☐ あまり ☐

② 14この いちごを 3こずつ おさらに 分けましょう。

くばる ものに ✕を つけて，おさらに のせた いちごの 絵を かく

「あまり」に ◯を する

(しき) ☐ ÷ ☐ = ☐ あまり ☐

7-11

絵に かいて 考え，しきと 答えを 書きましょう。

❶ さくらんぼが 15つぶ あります。

❷ 2つぶずつ おさらに 分けます。

❸ おさらは 何まいに なるでしょう。

❹ あまりは 何つぶに なるでしょう。

❶ さくらんぼの 絵を かく	❷・❸ おさらに のせた さくらんぼの 絵を かく

❹「あまり」に ◯を する

(しき) ☐ ÷ ☐ = ☐ あまり ☐

(しきの いみ)

☐ つぶの さくらんぼを ☐ つぶずつ 分けると，

おさらは ☐ まいに なり，さくらんぼは ☐ つぶ あまる。

(答え)

❸ おさら	❹ あまり
まい	つぶ

7-12

絵に かいて 考え，しきと 答えを 書きましょう。

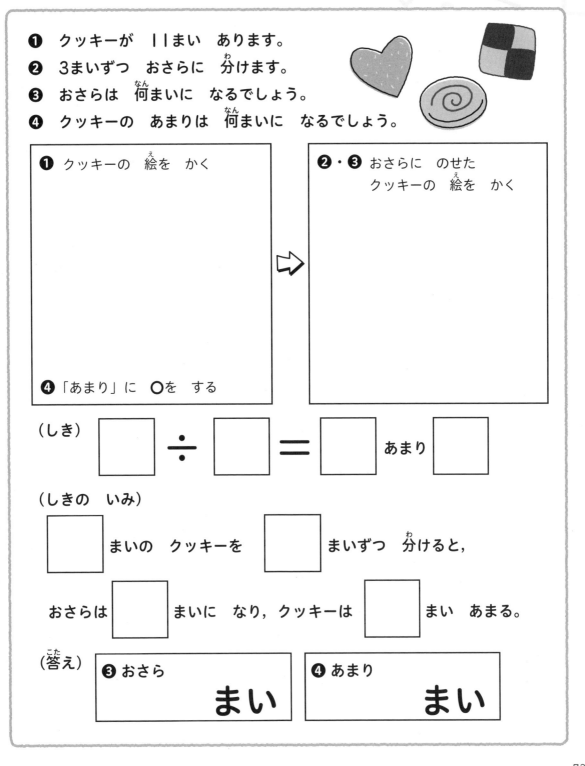

❶ クッキーが 11まい あります。

❷ 3まいずつ おさらに 分けます。

❸ おさらは 何まいに なるでしょう。

❹ クッキーの あまりは 何まいに なるでしょう。

❶ クッキーの 絵を かく	❷・❸ おさらに のせた クッキーの 絵を かく
❹ 「あまり」に 〇を する	

（しき） □ ÷ □ ＝ □ あまり □

（しきの いみ）

□ まいの クッキーを □ まいずつ 分けると，

おさらは □ まいに なり，クッキーは □ まい あまる。

（答え）

❸ おさら　　　まい	❹ あまり　　　まい

8

わり算の答えをかけ算で出す

学習のポイントとすすめ方

かけ算を使ってわり算の答えを出す

6 ～ 7 （P.46 ～ 73）でわり算の意味が十分に理解できたら、わり算の答えはかけ算を使って出すことができることの理解につなげていきます。

同じ数ずつ分けていく包含除のわり算を解く（プリント P.76、P.77）

下記のように、包含除のわり算（P.60 ～参照）の場面を設定して指導します。

> 全部で **6** 個のあめを **2** 個ずつ箱に入れていくと，
>
> あめの入っている箱は何箱になりますか？
>
> （式） **6 ÷ 2 =** ☐

❶ | 箱の場合

 あめ 2×| = 2
個　箱　個

❷ 2箱の場合

あめ 2×2 = 4
個　箱　個

❸ 3箱の場合

全部の数と同じになった！

あめ 2×3 = **6**
個　箱　　　個

あめを同じ個数ずつ箱に入れていくと、

箱ひとつ分のあめの個数　×　箱の数　＝　全部の数

となり、すでに学習したかけ算でわり算の答えが出せることに気づかせます。

かける数1から9までのかけ算の式を書いて考える（プリント P.78、P.79）

　包含除のわり算の「同じ数ずつ分ける」というときの、同じ数の部分をかけられる数に置いて、かける数を1から9まで（九九）を順に式を書いていきます。答えは全体の数（全部でいくつ）になるということに気づくように指導します。

全部で $\boxed{54}$ 個のあめを 9 個ずつ箱に入れていくと、あめの入っている箱は何箱になりますか？

（式） $\boxed{54} \div \boxed{9} = \boxed{}$

（わる数）が（かけられる数）になっているよ！

❶ 1箱の場合　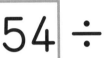 あめ $9_{個} \times 1_{箱} = 9_{個}$ あめは全部で

❷ 2箱の場合　$9 \times 2 = 18$

❸ 3箱の場合　$9 \times 3 = 27$

❹ 4箱の場合　$9 \times 4 = 36$

❺ 5箱の場合　$9 \times 5 = 45$

全部の数と同じになったよ！

❻ 6箱の場合　$9 \times 6 = \boxed{54}$

わり算の答えがわかったね！

❼ 7箱の場合　$9 \times 7 = 63$

❽ 8箱の場合　$9 \times 8 = 72$

6箱だ！

❾ 9箱の場合　$9 \times 9 = 81$

この作業をとおして、
①分けていくあめの数（わる数）が、かけられる数になること
②答えが全部のあめの数になるまでかけ算を行うこと
③上記の②のときのかける数が、わり算の答えになること
に気がつけるように指導します。

もんだい 6 この あめを 2 こずつ はこに ぜんぶ 分けると はこは 何はこに なりますか。

① わり算の しきに あらわしましょう。

② かけ算の 答えを 見て，わり算の しきに 答えを 書きましょう。

❶ 1はこの 場合

⇨ 2 × 1 = 2
　こ　　はこ　　こ

❷ 2はこの 場合

⇨ 2 × 2 = 4
　こ　　はこ　　こ

❸ 3はこの 場合

⇨ 2 × 3 = 6
　こ　　はこ　　こ

ぜんぶの 数と 同じに なったよ！

もんだい 12 この あめを 4 こずつ はこに ぜんぶ 分けると はこは 何はこに なりますか。

① わり算の しきに あらわしましょう。

② かけ算の 答えを 見て, わり算の しきに 答えを 書きましょう。

❶ 1はこの 場合

⇨ 4 × 1 = 4

❷ 2はこの 場合

⇨ 4 × 2 = 8

❸ 3はこの 場合

⇨ 4 × 3 = 12

ぜんぶの 数と 同じになったよ！

8-3

もんだい 15この あめを 5こずつ はこに ぜんぶ 分けると
はこは 何はこに なりますか。

① わり算の しきに あらわしましょう。

② かけ算の 答えを 見て，わり算の しきに
答えを 書きましょう。

❶ 1はこの 場合
5 × 1 = 5

❷ 2はこの 場合
5 × 2 = 10

❸ 3はこの 場合
5 × 3 = 15

❹ 4はこの 場合
5 × 4 = 20

❺ 5はこの 場合
5 × 5 = 25

❻ 6はこの 場合
5 × 6 = 30

❼ 7はこの 場合
5 × 7 = 35

❽ 8はこの 場合
5 × 8 = 40

❾ 9はこの 場合
5 × 9 = 45

ぜんぶの 数と 答えが 同じ
しきに しるしを つけよう！

8-4

もんだい 63この あめを 7こずつ はこに ぜんぶ 分けると はこは 何はこに なりますか。

① わり算の しきに あらわしましょう。

② かけ算の しきと 答えを 書き、
わり算の しきに 答えを 書きましょう。

❶ 1はこの 場合

❷ 2はこの 場合

❸ 3はこの 場合

❹ 4はこの 場合

❺ 5はこの 場合

❻ 6はこの 場合

❼ 7はこの 場合
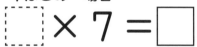

❽ 8はこの 場合

❾ 9はこの 場合

ぜんぶの 数と 答えが 同じ しきに しるしを つけよう！

9

わり算の「あまり」をひき算で出す

学習のポイントとすすめ方

「あまり」のあるわり算で商を立てるときの考え方を理解する

8（P.74）でわり算の答えをかけ算を使って出すことができるようになったら、あまりのあるわり算でも同様に学習を行います。

全体の数をいくつかずつに分けるという包含除のわり算を、あめの絵を線で囲んで区切る作業をとおして理解を深めます。また、囲みの外にある「あまり」に注目させ、わり算の商を立てるとき、わられる数よりかけ算の答えが大きくならないようにするということの意味をイメージできるようにします。

かけ算の答えを見比べて、わり算の商を立てる（プリント P.82、P.83）

全部で $\boxed{5}$ 個のあめを 2 個ずつ箱に入れていくと，

あめの入っている箱は何箱になりますか？

（式） $\boxed{5}_{個} \div 2_{個} = \boxed{}_{箱}$ あまり $\boxed{}_{個}$

❶ 1箱の場合

⇨ あめ $2_{個} \times 1_{箱} = 2_{個}$

❷ 2箱の場合 あまり

全部は入らなかった！

⇨ あめ $2_{個} \times \boxed{2}_{箱} = \boxed{4}_{個}$

見比べる

❸ 3箱の場合

もとの数（5個）より多くなってはダメ！

⇨ あめ $2_{個} \times 3_{箱} = 6_{個}$

● かける数を1、2、3・・・と増やし、その答えがもとの数より大きくならないように、かけ算の答えを確認することを教えます。

● この段階では、「あまり」は絵を数えて出します。

● あまりはいつも、わる数より小さくなることも気づかせましょう。

わり算のあまりをひき算を使って出す（プリント P.84 ～ P.87）

商の立て方が十分に理解できたら、「あまり」はひき算を使って出せることを学習します。

答えを出すには、次の①～③の3つのステップがあることを指導します。

①問題文からわり算の式を立てる・・・（19 ÷ 3 = ）

②かけ算を使って確認する・・・（3 の段のかける数を 1 から）

　　かけ算の答えが、もとの数（19 個）より大きくなく、もとの数に最も近いものを選ぶ

③もとの数から②で選んだ答えの数字をひき算し、その答えが「あまり」…（19-18=1）

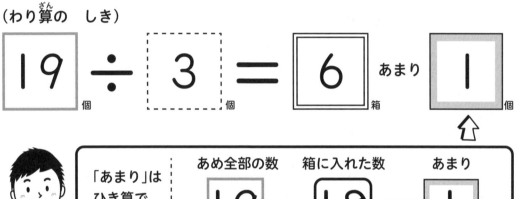

全部で **19** 個のあめを **3** 個ずつ箱に入れていくと、

あめの入っている箱は何箱になりますか？

3個より少ない数になったら、箱には入れないで「あまり」とします。

（わり算の　しき）

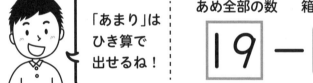

$$19 \div 3 = 6 \text{ あまり } 1$$

「あまり」は
ひき算で
出せるね！

あめ全部の数　箱に入れた数　あまり

$$19 - 18 = 1$$

計算の手続きに慣れてきたら、「あまり」をひき算で出す意味を下図のように絵でイメージしながら理解を深めましょう。　<u>（箱に入れる前の）全部の数　ー　箱に入れた数　＝　あまり</u>

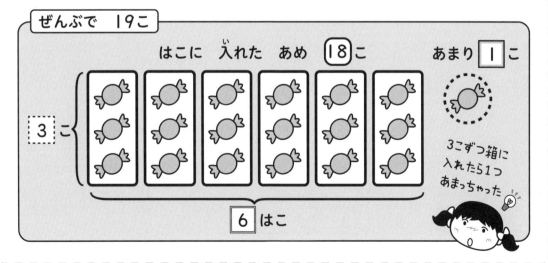

ぜんぶで　19こ

はこに　入れた　あめ　⑱こ　　　あまり **1** こ

3 こ

6 はこ

3こずつ箱に
入れたら1つ
あまっちゃった

もんだい 9 この あめを 4 こずつ はこに ぜんぶ 分けると はこは 何はこに なりますか。あまりは 何こですか。

① もんだいを わり算の しきに あらわしましょう。

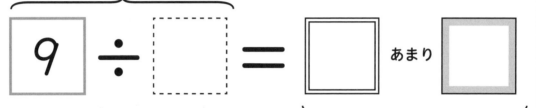

$$9 \div \boxed{} = \boxed{} \quad\text{あまり}\quad \boxed{}$$

② かけ算の 答えを 見て, わり算の しきに 答えを 書きましょう。
　あまりは, 図を 見て 考えて 書きましょう。

あめを 4こずつ 線で かこみ, かけ算の しきに あらわします。

❶ 1はこの 場合

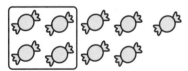

⇨ $4 \times 1 = 4$

❷ 2はこの 場合

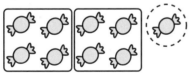

⇨ $\boxed{4} \times \boxed{2} = \boxed{8}$

❸ 3はこの 場合

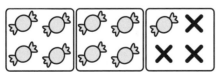

⇨ $4 \times 3 = 12$

9-2

もんだい $\boxed{17}$ この あめを $\vdots 6 \vdots$ こずつ はこに ぜんぶ 分けると
はこは 何はこに なりますか。あまりは 何こですか。

① もんだいを わり算の しきに あらわしましょう。

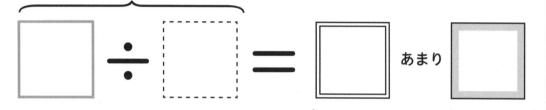

② かけ算の 答えを 見て，わり算の しきに
答えを 書きましょう。
あまりは，図を 見て 考えて 書きましょう。

あめを 6こずつ 線で かこみ，かけ算の しきに あらわします。

❶ 1はこの 場合

❷ 2はこの 場合

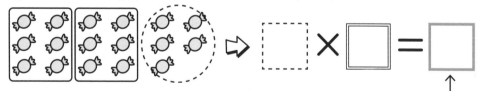

❸ 3はこの 場合

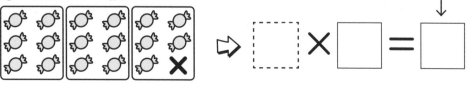

9-3

もんだい 61 この あめを 9 こずつ はこに ぜんぶ 分けると
はこは 何はこに なりますか。あまりは 何こですか。
わり算の しきに あらわしてから 答えを 書きましょう。

（わり算の しき）

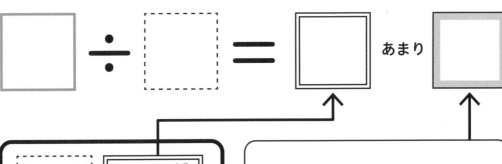

$$\boxed{} \div \boxed{} = \boxed{} \quad \text{あまり} \quad \boxed{}$$

$$\boxed{} - \boxed{} = \boxed{}$$

分ける 数　　はこの 数

$9 \times 1 = 9$

$9 \times 2 = 18$

$9 \times 3 = 27$

$9 \times 4 = 36$

$9 \times 5 = 45$

$9 \times 6 = 54$

$9 \times 7 = 63$

$9 \times 8 = 72$

$9 \times 9 = 81$

（答え）

はこの数 ｜　　　　　　　はこ

あまり ｜　　　　　　　こ

もんだい 47 この あめを 7 こずつ はこに ぜんぶ 分けると はこは 何はこに なりますか。あまりは 何こですか。
わり算の しきに あらわしてから 答えを 書きましょう。

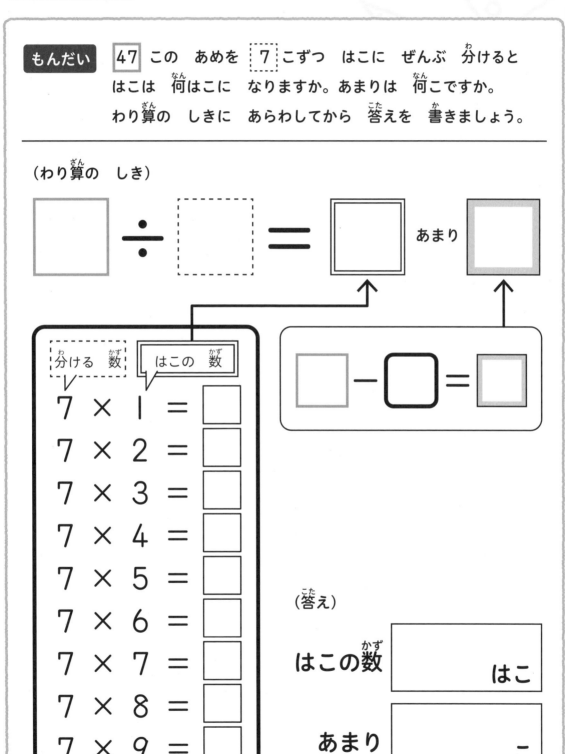

(わり算の しき)

分ける数　はこの数

7 × 1 = □
7 × 2 = □
7 × 3 = □
7 × 4 = □
7 × 5 = □
7 × 6 = □
7 × 7 = □
7 × 8 = □
7 × 9 = □

(答え)

はこの数　　□ はこ

あまり　　□ こ

もんだい 下の 文と 図を 見て，わり算の しきに あらわしましょう。

❶ あめが ぜんぶで ⎡19⎤こ あります。

❷ あめを ⎡3⎤こずつ はこに 入れて いきます。

❸ 3こよりも 少ない 数になったら はこには 入れないで，
「あまり」と します。

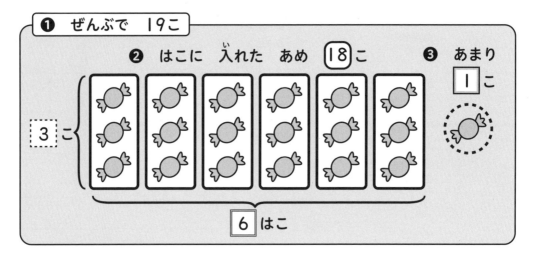

（わり算の しき）

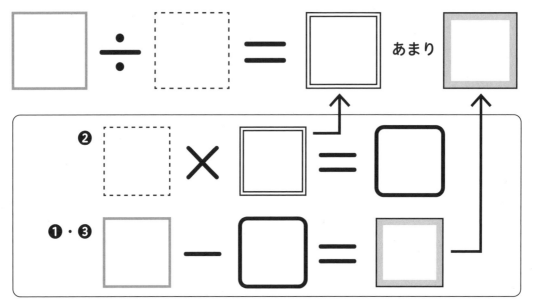

9-6

もんだい 下の 文と 図を 見て, わり算の しきに あらわしましょう。

❶ あめが ぜんぶで　23　こ　あります。

❷ あめを　4　こずつ　はこに　入れて　いきます。

❸ 4こよりも　少ない　数になったら　はこには　入れないで,
「あまり」と　します。

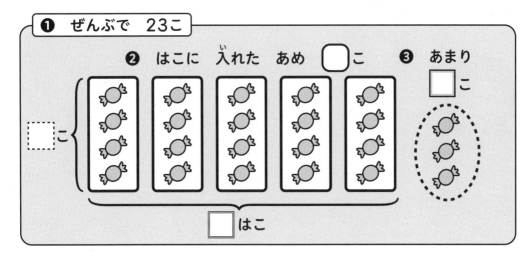

（わり算の　しき）

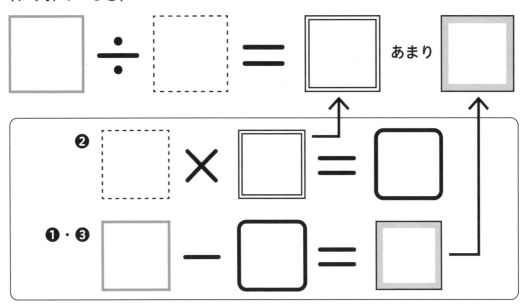

10 大きな数のかけ算・わり算を解く

学習のポイントとすすめ方

大きな数のかけ算

数を（10, 100, 1000, …）のまとまりで計算する（プリント P.90 ～ P.93）

　（何十）×（何十）や（何百）×（何十）といった大きな数のかけ算のやりかた（手続き）は、「0」を指で隠すことで注目させ、見えている部分の数字のかけ算をしてから、その答えに隠した「0」を付け加えます。活動の際に、「0」を付け忘れないための工夫を指導します。

 1組に20人の子どもがいます。4組あると，全部で何人？

|1組|2組|3組|4組|

| **たし算** | 20+20+20+20=80 |
| **かけ算** | 20×4=80 |

2×4

$2 \underset{}{0} \times 4 = 8 \underset{}{0}$ ふっかつ！

0を指で隠して計算しよう！

隠した0を◯つける

もんだい 50円玉が10枚あります。全部でいくらでしょう？

たし算 ㊿＋㊿＋㊿＋㊿＋㊿＋㊿＋㊿＋㊿＋㊿＋㊿＝500

100　＋　100　＋　100　＋　100　＋　100　＝500

かけ算 50×10=500

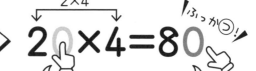

$5 \underset{}{0} \times 1 \underset{}{0} = 5 \underset{}{0}\underset{}{0}$ ふっかつ！

0を指で隠して計算しよう！

隠した0の数だけ◯つけよう。

　「0」を1個につき1本の指で隠していくと、最後に付け加える「0」の数は、使用した指の数になることに気づかせます。

大きな数のわり算

大きな数のかけ算との手続きの違いに注目させる （プリント P.94 〜 P.97）

　（何十）÷（何十）や（何百）÷（何十）といった大きな数のわり算のやりかた（手続き）を、計算が不要な位の「0」を指で隠して計算するように指導します。<u>ただし、かけ算と異なるルールがあります。</u>

　●かけ算は、最後に**指で隠した「0」を付け加える**

　●わり算は、最後に**指で隠した「0」は付け加えない**

　わり算では「0」を付け加えないことに混乱する子どもがいますので、数の量をイメージしながら計算する経験を重ねることが大切です。

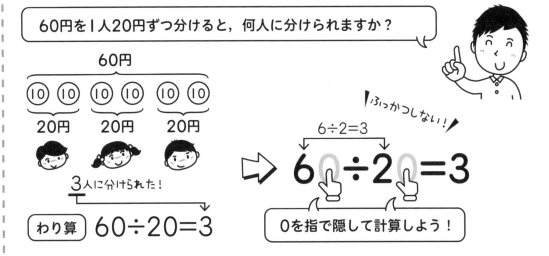

　60円を1人20円ずつ分けると，何人に分けられますか？

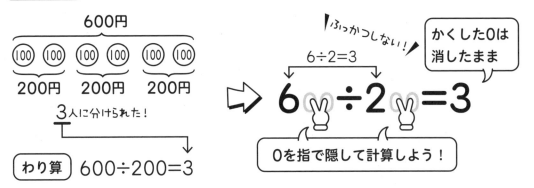

もんだい　600円を1人200円ずつ分けると，何人に分けられますか？

　上記のような手続きや下記のようなゴロ合わせで正解に結びつく経験を重ねるうちに、かけ算で「0をつけないと答えの数が小さすぎる」と感じたり、わり算で「0をつけると答えの数が大きすぎる」と気づけるようになります。数をイメージする感覚を身につけていくことが大切です。

裏ワザ！　かけ算・わり算のルールを楽しく覚えるゴロ合わせ

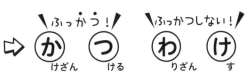

10-1

つぎの 計算を して，答えを 書きましょう。

3×3=9

① 30 × 3 ＝

30 × 3 ＝90

② 40 × 2 ＝

③ 50 × 3 ＝

④ 20 × 5 ＝

2×3=6

⑤ 200 × 3 ＝

200 × 3 ＝600

⑥ 400 × 2 ＝

つぎの　計算を　して，答えを　書きましょう。

① 20 × 20 =

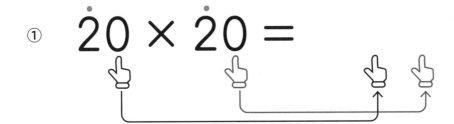

② 50 × 30 =

③ 300 × 200 =

④ 600 × 300 =

⑤ 400 × 20 =

⑥ 500 × 30 =

① 30円ずつ 2人に あげると，合計は いくらに なりますか？
正しい 答えを えらびましょう。

(しき) 30円×2人＝ □ 円

正しい 答えは？
6円
60円
600円

② 50円ずつ 3人に あげると，合計は いくらに なりますか？
正しい 答えを えらびましょう。

(しき) 50円×3人＝ □ 円

正しい 答えは？
15円
150円
1500円

③ 200円ずつ 3人に あげると，合計は いくらに なりますか？
正しい 答えを えらびましょう。

(しき) 200円×3人＝ □ 円

正しい 答えは？
60円
600円
6000円

④ 20円ずつ 20人に あげると，合計は いくらに なりますか？

20円×20人＝ □ 円

⑤ 300円ずつ 20人に あげると，合計は いくらに なりますか？

300円×20人＝ □ 円

① 40円の 2ばいの ねだんは いくらでしょう？
正しい 答えを えらびましょう。

(しき) $40_{円} \times 2_{ばい} =$ □ 円

正しい 答えは？
8円
80円
800円

② 20円の 5ばいの ねだんは いくらでしょう？
正しい 答えを えらびましょう。

(しき) $20_{円} \times 5_{ばい} =$ □ 円

正しい 答えは？
10円
100円
1000円

③ 400円の 2ばいの ねだんは いくらでしょう？
正しい 答えを えらびましょう。

(しき) $400_{円} \times 2_{ばい} =$ □ 円

正しい 答えは？
8円
80円
800円

④ 50円の 30ばいの ねだんは いくらでしょう？

$50_{円} \times 30_{ばい} =$ □ 円

⑤ 600円の 300ばいの ねだんは いくらでしょう？

$600_{円} \times 300_{ばい} =$ □ 円

つぎの 計算を して，答えを 書きましょう。

① 8÷2=4

$$80 \div 20 =$$

8◯ ÷ 2◯

② $$90 \div 30 =$$

③ 12÷2= ?

$$120 \div 20 =$$

12◯ ÷ 2◯

④ $$200 \div 50 =$$

20◯ ÷ 5◯ ⇨ 同じ 数だけ
0を かくす！

つぎの 計算を して，答えを 書きましょう。

① $800 \div 400 =$

$8\bcancel{00} \div 4\bcancel{00}$

② $900 \div 300 =$

③ $600 \div 200 =$

④ $1800 \div 900 =$

$18\bcancel{00} \div 9\bcancel{00}$

⑤ $1000 \div 500 =$

$10\bcancel{00} \div 5\bcancel{00}$ ⇨ 同じ 数だけ
0を かくす！

① 80円を 2人で 分けると，1人分は いくらに なりますか？
正しい 答えを えらびましょう。

(しき) 80円 ÷ 2人 ＝ [   ] 円

答えは？
4円
40円
400円

② 90円を 30人で 分けると，1人分は いくらに なりますか？
正しい 答えを えらびましょう。

(しき) 90円 ÷ 30人 ＝ [   ] 円

答えは？
3円
30円
300円

③ 120円を 20人で 分けると，1人分は いくらに なりますか？
正しい 答えを えらびましょう。

(しき) 120円 ÷ 20人 ＝ [   ] 円

答えは？
6円
60円
600円

④ 200円を 50人で 分けると，1人分は いくらに なりますか？

200円 ÷ 50人 ＝ [   ] 円

⑤ 300円を 30人で 分けると，1人分は いくらに なりますか？

300円 ÷ 30人 ＝ [   ] 円

① 800円を 400円ずつ 分けると，何人 もらえますか？
正しい 答えを えらびましょう。

(しき) $800円 \div 400円 =$ ☐ 人

答えは？
2人
20人
200人

② 900円を 300円ずつ 分けると，何人 もらえますか？
正しい 答えを えらびましょう。

(しき) $900円 \div 300円 =$ ☐ 人

答えは？
3人
30人
300人

③ 600円を 200円ずつ 分けると，何人 もらえますか？
正しい 答えを えらびましょう。

(しき) $600円 \div 200円 =$ ☐ 人

答えは？
3人
30人
300人

④ 1800円を 900円ずつ 分けると，何人 もらえますか？

$1800円 \div 900円 =$ ☐ 人

⑤ 1000円を 500円ずつ 分けると，何人 もらえますか？

$1000円 \div 500円 =$ ☐ 人

11 たし算・ひき算のひっ算 〜基本〜

学習のポイントとすすめ方

自分で書き進めたり計算手続きを確認したりできるようにする

ひっ算が苦手な原因は子どもによってさまざまですが、計算手続きの問題は大別して、

①数字の位をそろえられないという空間を認知する能力の弱さ

②計算手続きが覚えられない

の2点があげられます。①の場合には、くり上がりやくり下がりの数を書き留められるマス目のシートを、②の場合には、ひっ算の手続きを確認できるシートを用意します。

(A)書く場所を明確にしたシートを使う（プリント P.100、P.102）

【たし算のひっ算】

くり上がりボックス

【ひき算のひっ算】

くり下がりボックス

① **マス目に正しく式を書き，1の位を計算する**

[3+9]の答えは[12]。
くり上がる数「1」を
くり上がりボックスに書く。

① **マス目に正しく式を書き，1の位を考える**

[3]から[9]はひけないので
10の位の[5]から[1]かりて
[13]と考え、くり下がり
ボックスに書く。

② **10の位を計算する**

[5+8]の答えの[13]は
どちらとも
くり上がりボックスに書く。

② **10の位を考える**

[5]から[1]かりた（減った）
ので、[5−1]の答えの[4]を、
くり下がりボックスに書く。

③ **100の位を計算する**

[2+3]の答えの[5]を
くり上がりボックスに書く。

③ **100の位を考える**

①と同様に、100の位の[4]から
[1]かりて、くり下がりボックス
に書く。
100の位は[4]から[1]減った
ので、[4−1]の答えの[3]を
くり下がりボックスに書く。

④ **くり上がりボックス内の計算をする**

10の位は[3+1]で[4]。
100の位は[5+1]で[6]。
それぞれマス目に書く。
答えは[642]となる。

④ **それぞれの桁でひき算をする**

くり下がりボックスに書いた
数から下の段の数をひく。
答えは[164]となる。

一般的なひっ算では、位ごとに答えを書きますが、上記では同じ手続きをまとめて行うというシンプルな方法を紹介しています。手続きの内容については、子どもの理解や実態に合わせて指導してください。

P.98 で解説した②の場合は、その子が文章を順に読んで理解するタイプか、色や記号をパッと視覚的に捉えて全体を理解するタイプかによってシートを使い分けます。まずは子どもが実際に使ってみて、やりやすいと感じたほうで学習を進めるとよいでしょう。

たし算のひっ算　（B）文章を読んで理解するタイプ　ひき算のひっ算

たし算のひっ算

①式を読む

②1桁目（右）の数字をそれぞれ読む

③②の2つの数をたし算し、答えをわきに書いて、○で囲む

④③の1の位の数字を左に書く

⑤③の10の位の数字を2桁目（左）の数字の上に書いて、○で囲む

⑥2桁目（左）の3つの数を上から順番にたして答えを書く

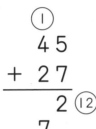

ひき算のひっ算

①式を読む

②1桁目（右）の数字をそれぞれ読む

③上の数から下の数がひけないときは、上の数の2桁目（左）の数字から10かりて上の数にたした数を右に書いて、○で囲む

④上の数の2桁目（左）の数字を斜めの線で消し、その上に1ひいた数を書いて、○で囲む

⑤1桁目のひき算をして答えを書く

⑥2桁目のひき算をして答えを書く

たし算のひっ算　（C）色や記号を見て全体を理解するタイプ　ひき算のひっ算

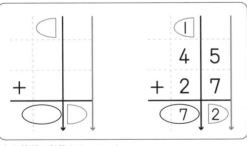

たし算用の計算フォーマット

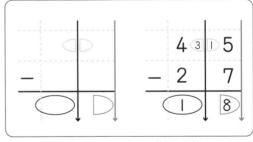

ひき算用の計算フォーマット

① 「やくそく表」を理解する
　・矢印の方向に計算をする
　・答えは横長のマルの中に書く

② 色やマークをヒントに、「やくそく表」の順番に従って計算を進める

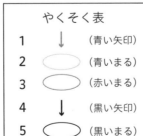

やくそく表

1	↓	（青い矢印）
2	◯	（青いまる）
3	◯	（赤いまる）
4	↓	（黒い矢印）
5	◯	（黒いまる）

※「やくそく表」に書かれた色に合わせて、シートの記号に色をつけてもよいでしょう。

※ここで紹介したシートは、子どもの実態に合わせて子どもが使いやすいようにアレンジしてみてください。本人と一緒にシートを考えながら作るのもおすすめです。

※付属の CD-ROM［11］に、（A）（C）のシートが収録されています。

つぎの 計算を して，答えを 書きましょう。

①
$$\begin{array}{r} 23 \\ +9 \\ \hline \end{array}$$

②
$$\begin{array}{r} 6 \\ +38 \\ \hline \end{array}$$

③
$$\begin{array}{r} 29 \\ +13 \\ \hline \end{array}$$

④
$$\begin{array}{r} 37 \\ +48 \\ \hline \end{array}$$

⑤
$$\begin{array}{r} 56 \\ +77 \\ \hline \end{array}$$

（やりかた）

下の 図のように ❶，❷，❸の じゅんに すすめます。
くり上がりボックスを つかって，たし算を します。

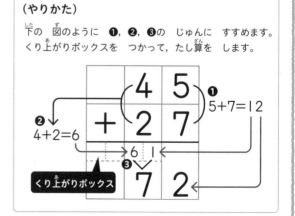

❶ 5+7=12
❷ 4+2=6
くり上がりボックス

つぎの 計算を して，答えを 書きましょう。

①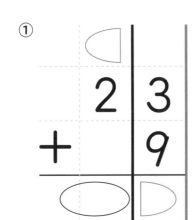

②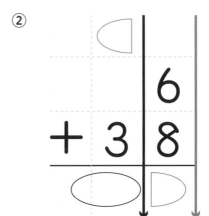

③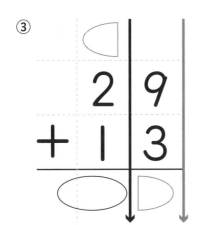

④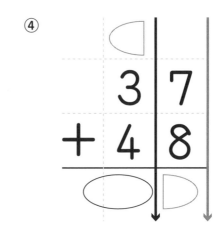

⑤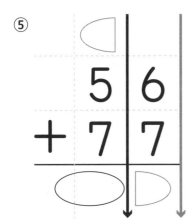

やくそくひょうと （れいだい）を 見て，
たし算の 答えを 書きましょう。

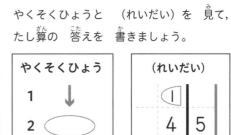

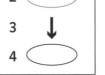

やくそくひょう	（れいだい）

つぎの 計算を して，答えを 書きましょう。

①
$$\begin{array}{r} 2\ 3 \\ -\quad 9 \\ \hline \end{array}$$

②
$$\begin{array}{r} 3\ 6 \\ -\quad 8 \\ \hline \end{array}$$

③
$$\begin{array}{r} 5\ 2 \\ -\ 2\ 5 \\ \hline \end{array}$$

④
$$\begin{array}{r} 7\ 6 \\ -\ 5\ 7 \\ \hline \end{array}$$

⑤
$$\begin{array}{r} 6\ 7 \\ -\ 3\ 8 \\ \hline \end{array}$$

（やりかた）
下の 図のように くり下がりボックスを つかって，
❶，❷の じゅんばんで ひき算を します。

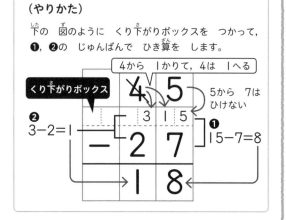

つぎの　計算を　して，答えを　書きましょう。

①
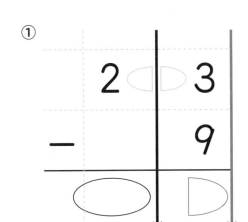

②
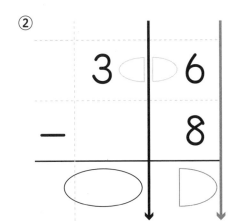

③
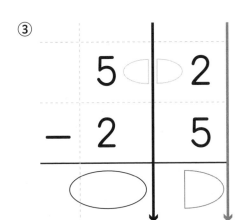

④
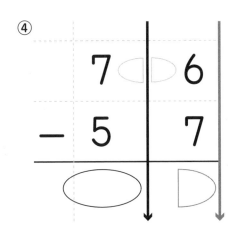

⑤
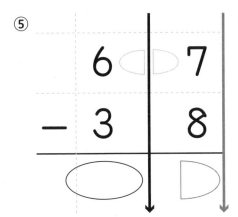

やくそくひょうと　（れいだい）を　見て，
ひき算の　答えを　書きましょう。

やくそくひょう
1　↓
2　◯
3　◯
4　↓
5　◯

（れいだい）

4 ③ ① 5
－ 2　　7
① 8

12 くり上がり・くり下がりの確認

学習のポイントとすすめ方

くり上がりのたし算は子どもの "計算のしやすさ" に合わせて指導する

　ひっ算をするときに補助数を書くと、頭の中で数字を覚えておく負担を減らせます。くり上がりのあるたし算の場合、十進法と五・二進法のそれぞれの考え方によって、ひっ算の補助数の書き方が違ってきます。子どもが取り組みやすい方法を選べるとよいでしょう。

くり上がりのあるたし算 （プリント P.106、P.107）

【五・二進法】

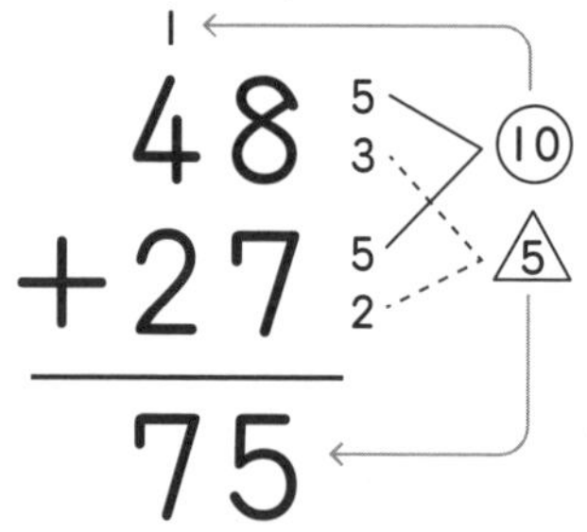

$$48 + 27 = 75$$

【十進法】

$$48 + 27 = 75$$

① 1の位を[5]といくつかに分解する

[8]は5と3、[7]は5と2。それぞれを数字の右に小さく書く。

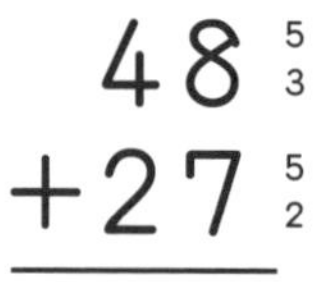

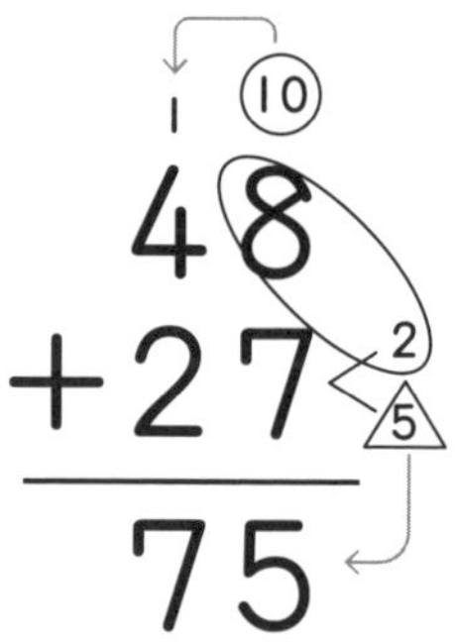

① 1の位の上の数は，あといくつで[10]になるかを考える

[8]はあと2で[10]になるので[7]の右に[2]と書き、[8]と[2]を○で囲む。その上に⑩と書く。

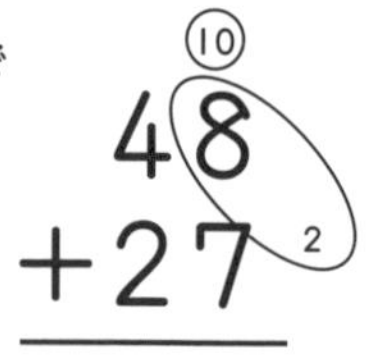

② 分解した数字を計算する

たし算しやすい組み合わせで計算し、それぞれの答えを右図のように書く。
[5+5]は⑩
[3+2]は△5

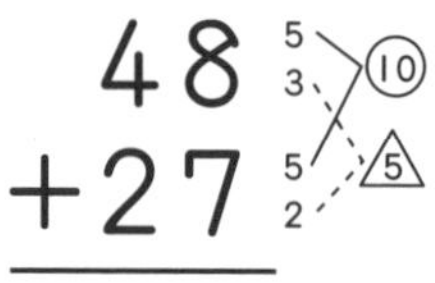

② 1の位の下の数を考える

[7]から[2]をとったので、のこりは[7−2=5]。右図のように△5と書く。

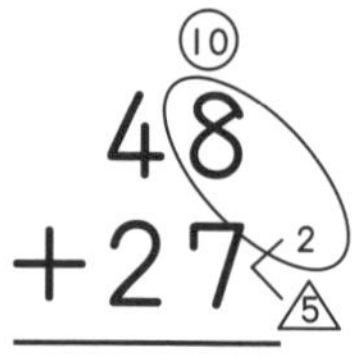

③ ○・△の中の数を式にあてはめる

△の中の数は1の位の下に書く。○の中の数はくり上がりなので、10の位の上に[1]を書く。

③ ○・△の中の数を式にあてはめる

△の中の数は1の位の下に書く。○の中の数はくり上がりなので、10の位の上に[1]を書く。

④ 10の位をすべて計算して答えを出す

[1+4+2=7]
10の位の下に[7]を書く。

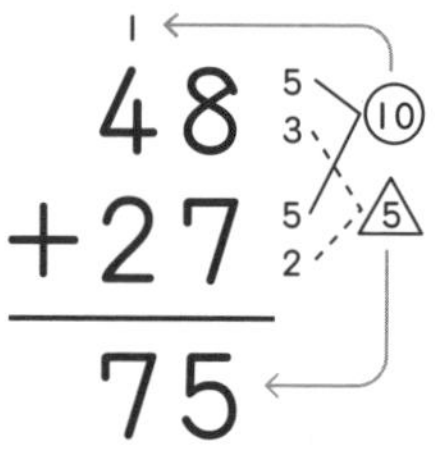

④ 10の位をすべて計算して答えを出す

[1+4+2=7]
10の位の下に[7]を書く。

くり下がりのあるひき算のやりかたを確認する

　くり下がりのあるひき算では、[ひとつ上の位から1をかりる→下の位では10かりている]ことがわかるように補助数を書くことが大切です。また、空位のある計算の場合、[10をかりる→その10からまた1をかりる]ことを繰り返します。この操作を簡単に覚えられるように、空位の上に「9」を書き、「救（9）急（9）車が助けに来る！」というイメージをもたせて説明する方法がおすすめです。

くり下がりのあるひき算（プリント P.108）

① 1の位の[2]から[9]は
　ひけないことを確認する

② 10の位の[4]から[1]かりて、
　[4]は[3]になる

　[4]を斜線で消して
　[4]の上に[3]を書く。

③ 10の位からかりた[1]は、
　1の位の上に[10]と書く

④ 1の位の[10]から[9]をひき
　答えの[1]を[2]の右に書く

　計算し終えた[10]と[9]は
　斜線で消す。

⑤ 1の位ののこりの[2]と[1]をたして、
　1の位の下に答えを書く

⑥ 10の位を計算して
　答えを出す。

　[3−1=2]
　10の位の下に[2]を書く

救（9）急（9）車が
助けに来るよ！

4 → 9 → 9 → 10

5006
−　829

空位 [0] のある場合（プリント P.109）

① 1の位の[1]から[6]は
　ひけないことを確認する

　ポイント
　10の位は[0]なので、
　[1]をかりられない。

② 100の位の[3]から[1]かりて、
　[3]は[2]になる

　[3]を斜線で消して
　[3]の上に[2]を書く。

③ 100の位からかりた[1]は
　10の位の[0]の上を[9]で
　とばし、1の位まで[10]を
　届ける

　ポイント
　[0]の上は、
　[9]急車で走り続けよう！

④ 1の位の[10]から[6]をひき
　のこりの[4]を[1]の右に書く

　計算し終えた[10]と[6]は
　斜線で消す。

⑤ 1の位ののこりの[1]と[4]をたして、
　1の位の下に答えを書く

⑥ 10の位・100の位を計算して
　答えを出す。

　10の位は[9−2]で[7]
　100の位は[2−1]で[1]

つぎの　計算を　して，答えを　書きましょう。

①
$$\begin{array}{r} 36 \\ +\ 6 \\ \hline \end{array}$$

②
$$\begin{array}{r} 8 \\ +47 \\ \hline \end{array}$$

③
$$\begin{array}{r} 56 \\ +27 \\ \hline \end{array}$$

④
$$\begin{array}{r} 17 \\ +68 \\ \hline \end{array}$$

⑤
$$\begin{array}{r} 77 \\ +66 \\ \hline \end{array}$$

（やりかた）

下の　図のように　1のくらいを　5と　いくつかに
わけて　考え，たし算を　します。

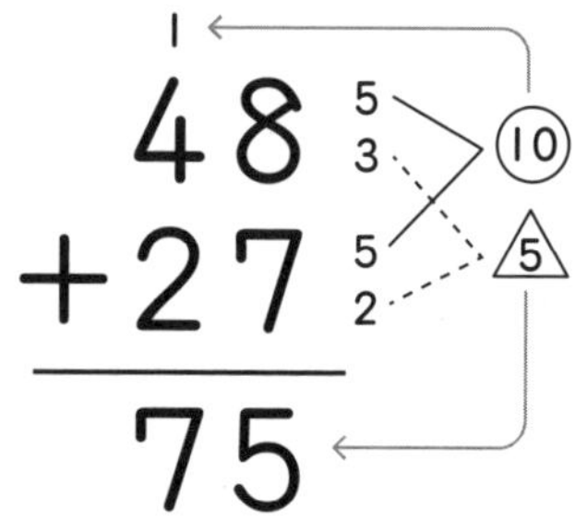

$$\begin{array}{r} 48 \\ +27 \\ \hline 75 \end{array}$$

つぎの　計算を　して，答えを　書きましょう。

①
$$\begin{array}{r} 38 \\ +\ 3 \\ \hline \end{array}$$

②
$$\begin{array}{r} 9 \\ +42 \\ \hline \end{array}$$

③
$$\begin{array}{r} 24 \\ +59 \\ \hline \end{array}$$

④
$$\begin{array}{r} 14 \\ +68 \\ \hline \end{array}$$

⑤
$$\begin{array}{r} 87 \\ +24 \\ \hline \end{array}$$

（やりかた）

右の　図のように　1のくらいの　上の　数が　10になる　数を　考え，たし算を　します。

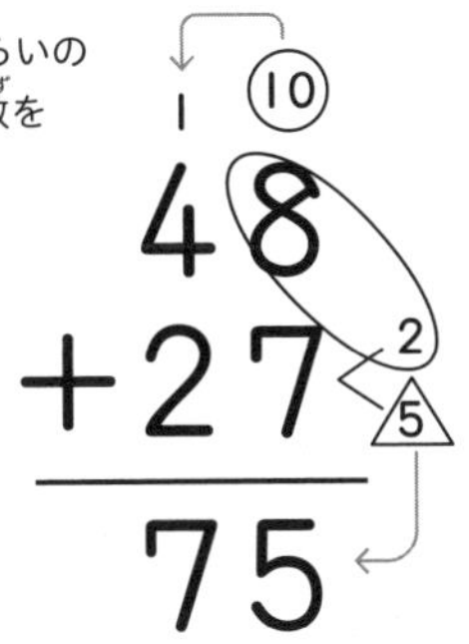

$$\begin{array}{r} 48 \\ +27 \\ \hline 75 \end{array}$$

つぎの　計算を　して，答えを　書きましょう。

①
$$54 - 25$$

②
$$67 - 39$$

③
$$35 - 6$$

④
$$46 - 8$$

⑤
$$133 - 14$$

（やりかた）
下の　図のように　❶，❷，❸の　じゅんばんで　考え，
くり下がりのある　ひき算を　します。

❶ 2から　9は
ひけないので
10の　くらいから
1かりる

3 ⑩
4̸2
−19

❷ 1の　くらいの
10から　9をひき
のこりの　1を
2の　よこに　書く

3 10
4̸2 ①
−19

❸ 1の　くらいと
10の　くらいを
計算する

3 10
4̸2+1
−19
23

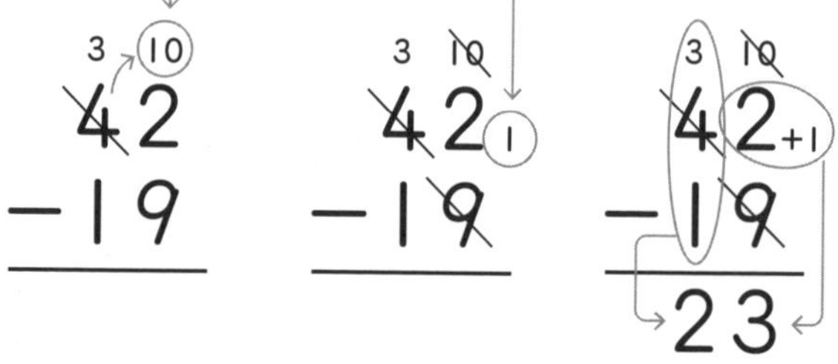

12-4

つぎの　計算を　して，答えを　書きましょう。

①
$$\begin{array}{r} 301 \\ -126 \\ \hline \end{array}$$

②
$$\begin{array}{r} 703 \\ -235 \\ \hline \end{array}$$

③
$$\begin{array}{r} 5006 \\ -829 \\ \hline \end{array}$$

④
$$\begin{array}{r} 2002 \\ -333 \\ \hline \end{array}$$

（やりかた）

下の　図のように　❶，❷，❸，❹の　じゅんばんで　考え，くり下がりのある　ひき算を　します。

❶ 1から　6は　ひけない。
10の　くらいは　0なので
100の　くらいから　1かりて，
3は　2になる

$$\begin{array}{r} \overset{2}{3}01 \\ -126 \\ \hline \end{array}$$

❷ 100の　くらいから　かりた
1は　10の　くらいの　上を
9で　とばし，1の　くらいまで
10を　とどける

救(9)急(9)車が
助けに来る！

$$\begin{array}{r} 2910 \\ \overset{}{3}\overset{}{0}1 \\ -126 \\ \hline \end{array}$$

❸ 1の　くらいの　10から
6をひき，のこりの　4を
1の　よこに　書く

$$\begin{array}{r} 2910 \\ 301_{④} \\ -126 \\ \hline \end{array}$$

❹ 1の　くらいと
10の　くらいと
100の　くらいを
計算する

$$\begin{array}{r} 2910 \\ 301_{+4} \\ -126 \\ \hline 175 \end{array}$$

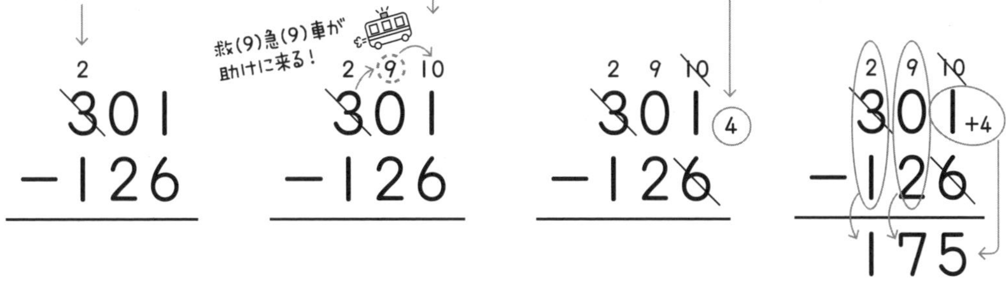

学習のポイントとすすめ方

視覚的なサポートをしながら計算の手続きを覚える

(A)マス目、計算手続きを明記した用紙を使う（プリント P.112）

　11（P.98）のたし算・ひき算のひっ算で、位をそろえて式を書き、正しい手続きにそって計算を行うシートを紹介しました。かけ算も同様に、くり上がりボックスが入ったシートを使用し、正確な計算手続きを身につけていきます。

かける数1の位の計算

① マス目に正しく式を書き，
　かけられる数の1の位を計算する

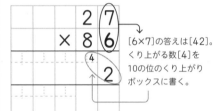

[6×7]の答えは[42]。
くり上がる数[4]を
10の位のくり上がり
ボックスに書く。

② かけられる数の10の位を計算する

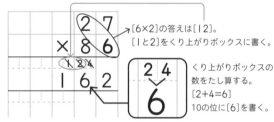

[6×2]の答えは[12]。
[1と2]をくり上がりボックスに書く。

くり上がりボックスの
数をたし算する。
[2+4=6]
10の位に[6]を書く。

※10の位を書いたら、くり上がりボックスの数字を斜線で消す。

かける数10の位の計算

③ かけられる数の1の位を計算する

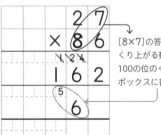

[8×7]の答えは[56]。
くり上がる数[5]を
100の位のくり上がり
ボックスに書く。

④ かけられる数の10の位を計算する

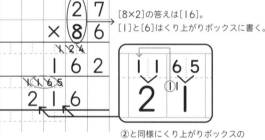

[8×2]の答えは[16]。
[1]と[6]はくり上がりボックスに書く。

②と同様にくり上がりボックスの
数をたし算する。[6+5=11]の
くり上がる[1]を100の位の
くり上がりボックスに書く。
さらに、100の位のくり上がり
ボックスの数をたし算する。
[1+1=2]

かけ算の答えを出す

⑤ ①〜④の計算結果を
　位ごとにたして，
　かけ算の答えを出す

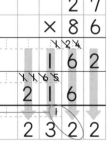

矢印の方向に
たし算をする。

たし算の答えが
くり上がったら、
くり上がりボックスに
書いてから計算する。

← かけ算の答え

11 (P.99) のたし算・ひき算のひっ算で紹介したように、それぞれのシートを使用してみれば、子どもが自然と「自分に適している」シートを選択するようになります。

(B)文章を読んで理解するタイプ

かけ算の手続き表		例
①	ひっ算の式の1の位の数字を見る	[6]と[7]	
②	2つの数字のうち、下の数字に○をつける	[7]	
③	○の数字から上の数字2つに矢印を書く		
④	矢印にそって計算する	[7×6]と[7×3]	
⑤	2つのかけ算の答えをたす		
⑥	ひっ算の式の10の位の数字を見る	[3]と[2]	
⑦	2つの数字のうち、下の数字に□をつける	[2]	
⑧	□の数字から上の数字2つに矢印を書く		
⑨	矢印にそって計算する	[2×6]と[2×3]	
⑩	⑤の答えと2つのかけ算の答えを、1の位からまっすぐ下にたす		

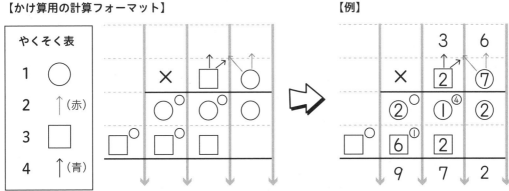

(C)色や記号を見て全体を理解するタイプ

【かけ算用の計算フォーマット】　　　　　　　【例】

やくそく表

1　○

2　↑（赤）

3　□

4　↑（青）

「やくそく表」を理解する

① ○から、矢印に従って計算します。
　くり上がりは小さい○に入れます。

② □から、矢印に従って計算します。
　くり上がりは小さい○に入れます。

③ 計算したものを上から下に向かってすべてたします。

① ○からの計算は[7×6]と[7×3]

② □からの計算は[2×6]と[2×3]

③ 10の位は[4＋1＋2＝7]
　100の位は[2＋1＋6＝9]
　[36×27]の答えは[972]

※付属の CD-ROM[13] に、(A) (C) のシートが収録されています。

つぎの 計算を して, 答えを 書きましょう。

①

$$\begin{array}{r} 2\ 4 \\ \times\ 3\ 7 \end{array}$$

②

$$\begin{array}{r} 5\ 3 \\ \times\ 6\ 6 \end{array}$$

③

$$\begin{array}{r} 3\ 8 \\ \times\ 2\ 5 \end{array}$$

④

$$\begin{array}{r} 5\ 5 \\ \times\ 9\ 8 \end{array}$$

⑤

$$\begin{array}{r} 7\ 8 \\ \times\ 6\ 8 \end{array}$$

(やりかた)
下の 図のように ❶, ❷, ❸の じゅんに すすめます。
くり上がりボックスを つかって, かけ算を します。

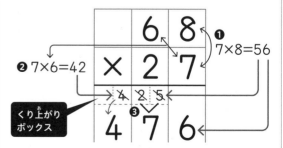

❶ 7×8=56
❷ 7×6=42
くり上がりボックス

13-2

つぎの 計算を して、答えを 書きましょう。

①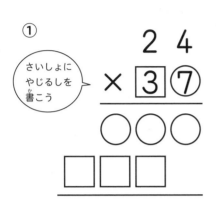

②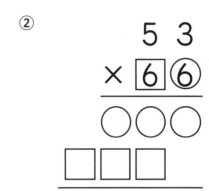

③
$$38 \times 25$$

④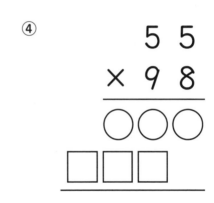

⑤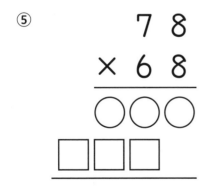

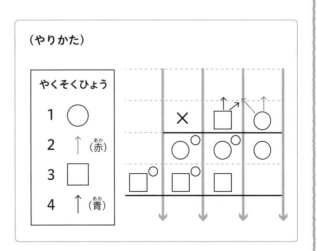

14 わり算のひっ算

学習のポイントとすすめ方

視覚的なサポートをしながら計算の手続きを覚える

(A)マス目、計算手続きを明記した用紙を使う（プリント P.116）

問題 534÷19

| わり算ゾーン | かけ算ゾーン |

① 10の位の商を立てる

❶ [53÷19]の商を考える。

❷ かけ算を使って10の位に入る数を考え、[53÷19]の商を立てる。
※かけ算シートを使用するとよい。

10の位

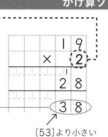

[53]より小さい

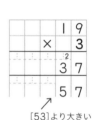

[53]より大きい

② タテに並んだ数をひき算する

❶ [3]から[8]はひけないので、100の位の[5]から[1]かりる。

❷ [13−8]の答えの[5]を下に書く。

❸ 100の位は[1]減って[4]。
[4−3]の答えの[1]を下に書く。

③ 1の位の商を立てる

❶ わられる数の[4]を下におろし、[154÷19]の商を考える。

❷ ひき算をして「あまり」を出す。
[154−152=2]

あまり→ 2

答え 534÷19＝28 あまり2

　11（P.99）のたし算・ひき算のひっ算で紹介したように、それぞれのシートを使用してみれば、子どもが自然と「自分に適している」シートを選択するようになります。

（B）文章を読んで理解するタイプ

わり算の手続き表		例
①	わられる数と，わる数を見る	[534]と[19]
②	わられる数は大きな位から順に見て，わり算ができる数を見つける	[53]
③	②で見つけた数とわる数の商を考える	[53÷19]
④	商はかけ算を使って考える	[19×○]
⑤	商を上の段に，わる数の積を下の段に書く	商[2]　わる数の積[38]
⑥	タテに並んだ2つの数でひき算し，答えを下の段に書く	[1]と[5]
⑦	わられる数の1の位の数を下におろして書く	[4]
⑧	⑦でできた数とわる数の商を考える	[154÷19]
⑨	商とわる数の積を下の段に書く	商[8]　わる数の積[152]
⑩	⑦の数と⑨の数でひき算をする	[154−152]
⑪	⑩で出た数はあまり	[2]

（C）色や記号を見て全体を理解するタイプ

「やくそく表」を理解する	① □に入る数から考え、矢印に従って計算します。
	② ■に入る数がわかったら、○に入る数を考えます。
	③ ▢に入る数はあまり。

【わり算用の計算フォーマット】　　　　　　　　【例】

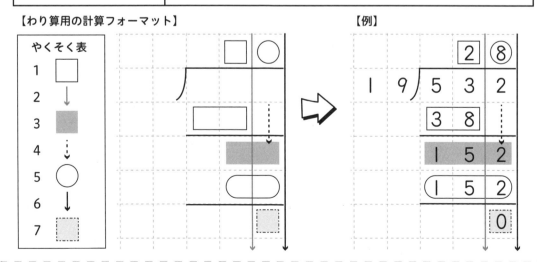

※付属の CD-ROM[14] に、（A）（C）のシートが収録されています。

14–₁

つぎの 計算を して，答えを 書きましょう。

わり算ゾーン	かけ算ゾーン

① 24〉72

② 14〉656

14-2

つぎの 計算を して，答えを 書きましょう。

①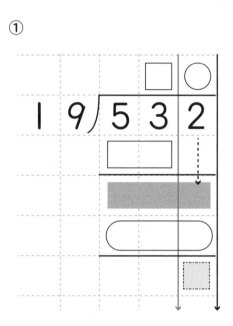

②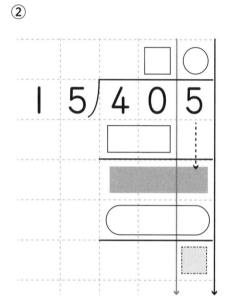

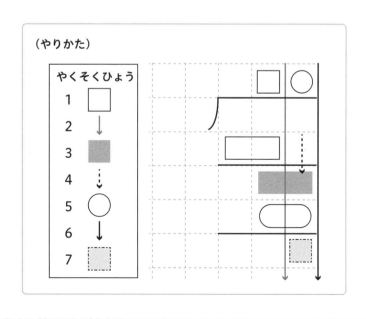

かけ算のひっ算の裏ワザ

かけ算のひっ算の手続きを簡略化した方法

　かけ算のひっ算の、かけ算⇔たし算を交互にくり返す複雑な手続きを覚えるのが難しい場合に、おすすめの裏ワザをご紹介します。この方法では、ひっ算で必要なかけ算をすべて行ってから、たし算をするという 2 段階の方法で計算ができます。

例題 76×53

【かけ算の裏ワザシート】

図①
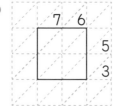

① シートに式を書く
図①のように、計算式の数字と位の数の分の四角を書く（2桁ずつなので4マス）。
四角の上にかけられる数、右横（タテ）にかける数を書く。

図②

② それぞれの数が交わるマス目に九九の答えを書く
それぞれの位同士のかけ算の答えを図②のように書く。
※順序はどの数から進めてもよい。

❶ [7×5]の答え
❷ [7×3]の答え
❸ [6×3]の答え

[6×5]の答え [30]の場合
10の位 → 3　0 ← 1の位

図③
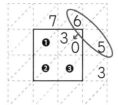

③ ななめにたし算をする
すべてのかけ算を終えたら、図③のように枠の中の数を[左ななめ下方向に]たし算する。

図④
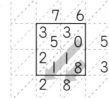

くり上がり →

④ くり上がりがある場合
図④のようにその数（ここでは[1]）を斜線の左側に書く。

図⑤
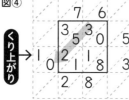

⑤ 答えを求める
図⑤のように、たし算したあとのそれぞれの数字[4028]が答えとなる。

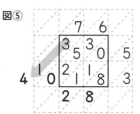

　この方法は、子どもが「簡単だ！」「不思議！」と意欲をもたせる際に有効です。しかし、かけ算の意味や位取りの意味が理解できていない子どもには使用しないほうがよいでしょう。

わり算のひっ算の手順を覚える裏ワザ

決まったルールでわり算のひっ算を行う方法

たてる・かける・ひく・おろす

わり算のひっ算にはきまったルールがあります。
この方法では手続きの順番が簡単に覚えられます。

例題 96÷2

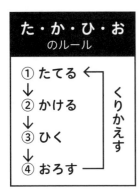

た・か・ひ・お
のルール

① たてる ←
↓
② かける
↓
③ ひく
↓
④ おろす

くりかえす

① たてる　❶ たてる
② かける
③ ひく　④ おろす
❷ かける
❸ ひく

やってみよう

□の 中に 入る 数を 書きましょう。
□が 書いていない ところも あります。

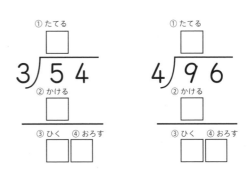

① たてる

3〕54
② かける
③ ひく　④ おろす

① たてる

4〕96
② かける
③ ひく　④ おろす

ひみつのサイン

ひっ算の手続きを、手の指を使ったサインで覚えます。

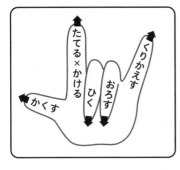

たてる×かける
ひく
おろす
くりかえす
かくす

サインのルール

① ひっ算の手続きは，親指から小指の順番に行う
② 指の向きに従って計算する

例題 235÷5

❶ かくす

5〕23⬚

[2]は[5]でわれないので、
親指を右へ1桁ずらす。➡

5〕233

[23÷5]を考える。

❷ たてる×かける

商をたてる
↳ 4
5〕235
　 20 ←[4]と[5]を
　　　　かける

❸ ひく

　　 4
5〕235
　 20
↓
　　 3

「ひく」の指は下向き。
[23−20]を計算する。

❹ おろす

　　 4
5〕235
　 20
　　 35

❺ くりかえす

「おろす」の指は下向き。
[5]をおろす。

学習のポイントとすすめ方

数直線を序数性で考える

※序数性…P.7 参照

「1とび」「2とび」「5とび」を理解する（プリント P.122、P.123）

　数直線は、左から右に向かって数が進みます。「0」からスタートして、等間隔に目盛りを順に進みながら、数の変化を捉えていきます。どのような目盛りに到達するのかをイメージしやすいように、人や身近な生き物が歩行やジャンプする絵で「1とび」「2とび」「5とび」を指導します。理解できたら、つぎは「10とび」「20とび」「50とび」について説明し、同じようなきまりで数が変化していることに気づかせます。

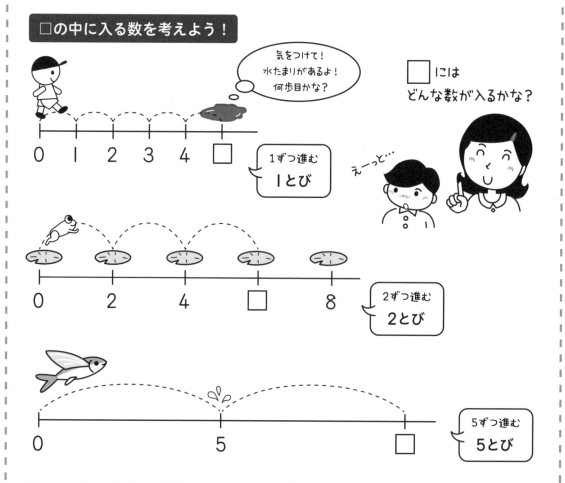

「に、し、ろ、や、とう」「ご、じゅう、じゅうご…」などの言い方を紹介してもよいでしょう。

たし算・かけ算を使って序数を理解する （プリント P.124、P.125）

　1桁の範囲の数直線に慣れてきたら、つぎに、「10とび」「20とび」「50とび」のような大きな数を扱います。その際、前ページと同様に、子どもがイメージしやすいシチュエーションを用いて説明します。

　□に入る数字を考えるときに、たし算やかけ算を使って考えることに結びつけていきます。

❶ たし算で考えてみよう！（10とび）

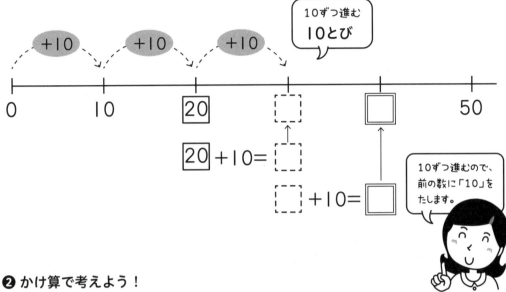

❷ かけ算で考えよう！

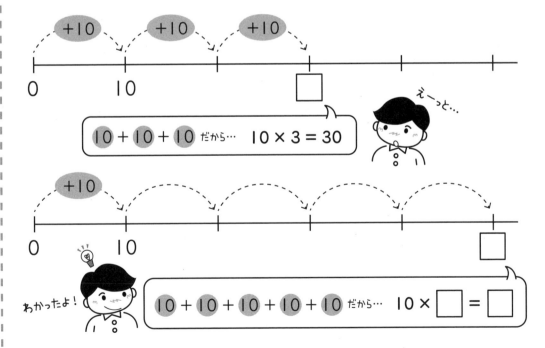

　子どもの活動の様子を観察するときや支援をするときには、正確に数詞を言えるかだけでなく、数の変化についての考え方が理解できているかどうか確認するとよいでしょう。

□の 中に 入る 数を 書きましょう。

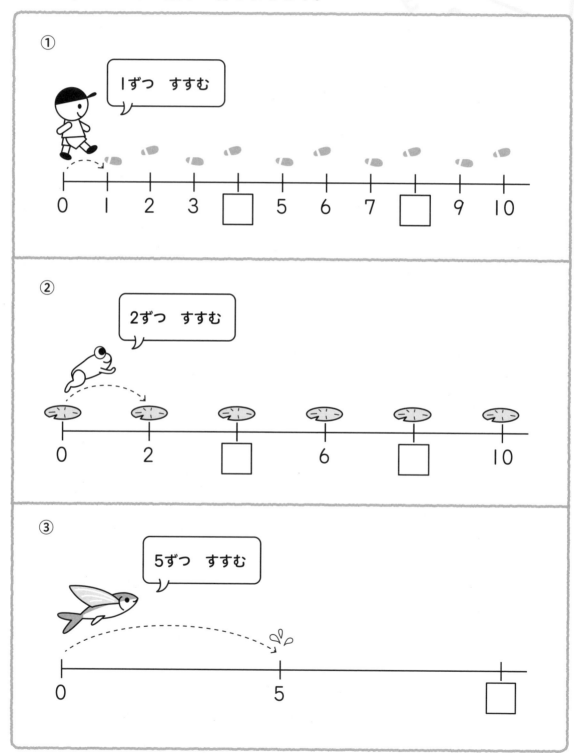

① 1ずつ すすむ

0　1　2　3　□　5　6　7　□　9　10

② 2ずつ すすむ

0　2　□　6　□　10

③ 5ずつ すすむ

0　5　□

□の 中に 入る 数を 書きましょう。

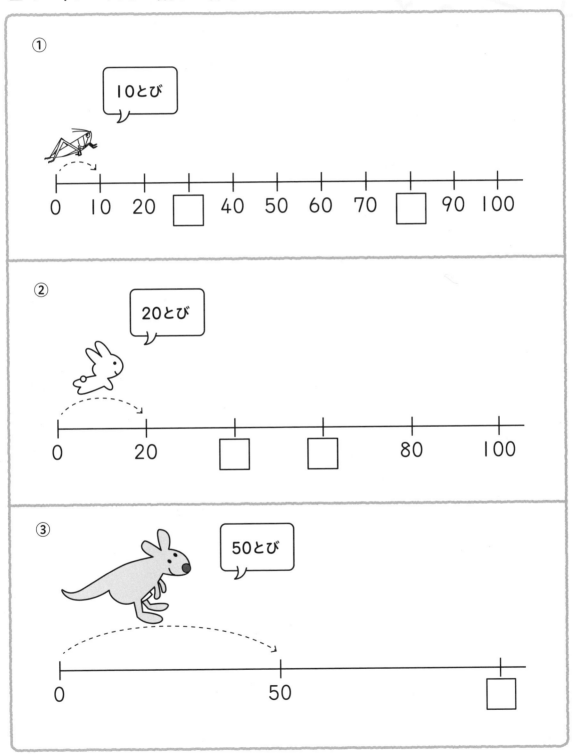

① 10とび

0　10　20　□　40　50　60　70　□　90　100

② 20とび

0　20　□　□　80　100

③ 50とび

0　50　□

□と □の 中に 入る 数を 書きましょう。

① たし算で 考えましょう。

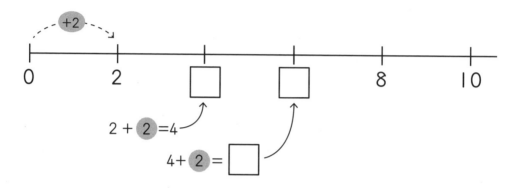

2 + 2 =4

4+ 2 = □

② たし算で 考えましょう。

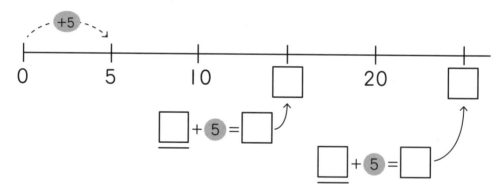

□ + 5 = □

□ + 5 = □

③ たし算で 考えましょう。

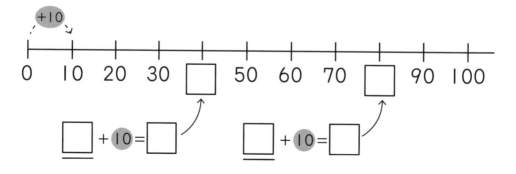

□ + 10 = □

□ + 10 = □

□と □と □ の 中に 入る 数を 書きましょう。

① かけ算で 考えましょう。

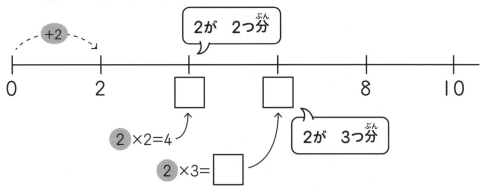

② かけ算で 考えましょう。

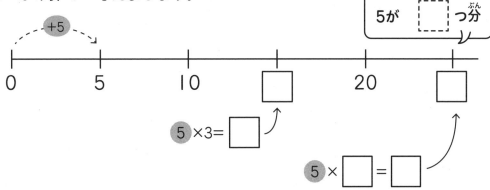

③ かけ算で 考えましょう。

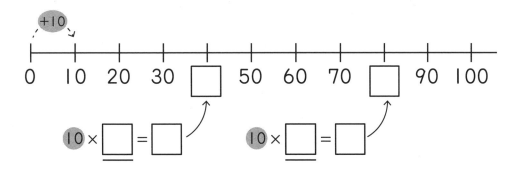

数直線の理解② 〜基数で考える〜

学習のポイントとすすめ方

数直線を基数性で考える

数直線が左から右に向かって数が進むという序数での考え方を **15**（P.120）で理解したら、つぎは、数直線の1目盛り分を捉える基数の考え方で数直線を理解できるようにします。

※基数性…P.7 参照

数直線の指示された目盛りを全体量から考える（プリント P.128、P.129）

例題

スタートからゴールまでいくつに分かれているかな？
かたつむりは、いくつ分、歩いたかな？

10でゴールだよ！

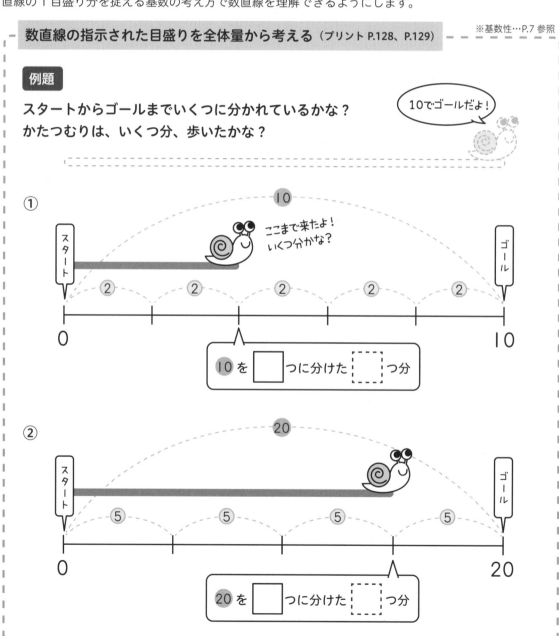

わり算を使った 1 目盛りの量の捉え方 （プリント P.130、P.131）

ここでは、全体量から 1 目盛りを理解するために、わり算を使って考えることにつなげていきます。

わり算で考えよう

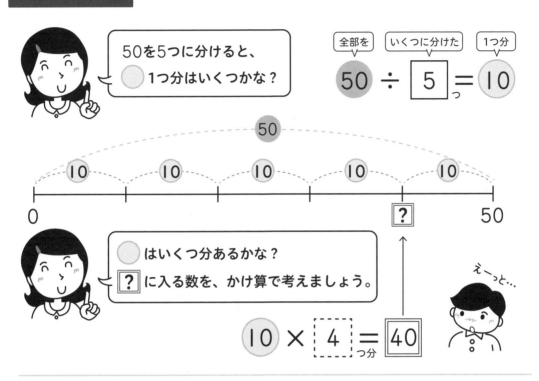

（やってみよう）

❶ ◯ 1つ分はいくつかな？

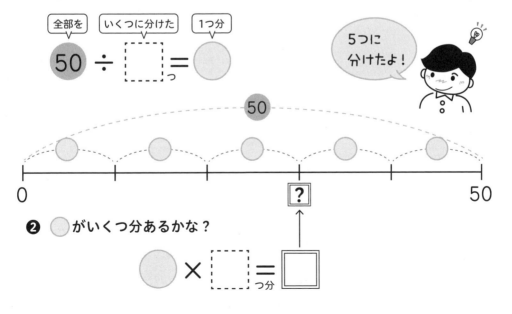

❷ ◯ がいくつ分あるかな？

□と □の 中に 入る 数を それぞれ 書きましょう。

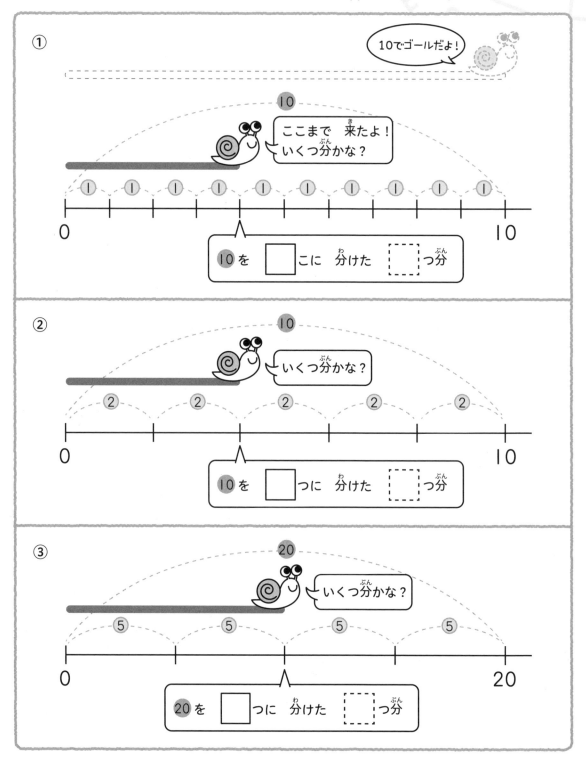

□と □の 中に 入る 数を それぞれ 書きましょう。

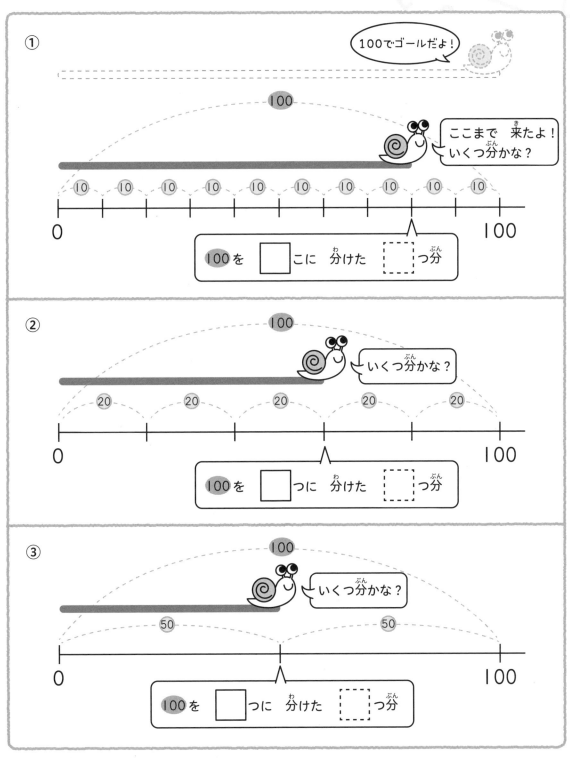

16−3

（やりかた）を　見て，$?$の　中に　入る　数を　答えましょう。

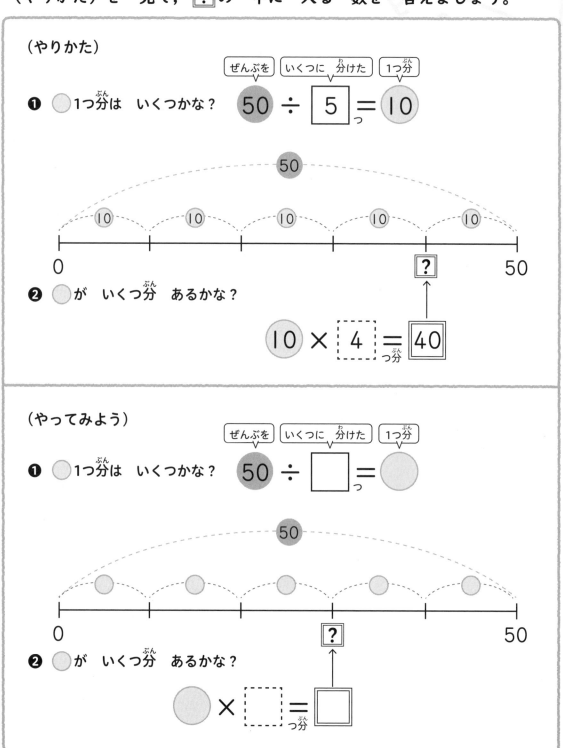

（やりかた）

❶　◯1つ分は　いくつかな？

ぜんぶを　いくつに　分けた　1つ分

$50 ÷ \boxed{5}_{つ} = 10$

50

$10 \quad 10 \quad 10 \quad 10 \quad 10$

$0 \qquad\qquad\qquad\qquad\qquad\qquad \boxed{?} \qquad 50$

❷　◯が　いくつ分　あるかな？

$10 × \boxed{4}_{つ分} = \boxed{40}$

（やってみよう）

❶　◯1つ分は　いくつかな？

ぜんぶを　いくつに　分けた　1つ分

$50 ÷ \boxed{}_{つ} = ◯$

50

$0 \qquad\qquad\qquad\qquad\qquad\qquad \boxed{?} \qquad 50$

❷　◯が　いくつ分　あるかな？

$◯ × \boxed{}_{つ分} = \boxed{}$

16-4

（やりかた）を　見て，　?　の　中に　入る　数を　答えましょう。

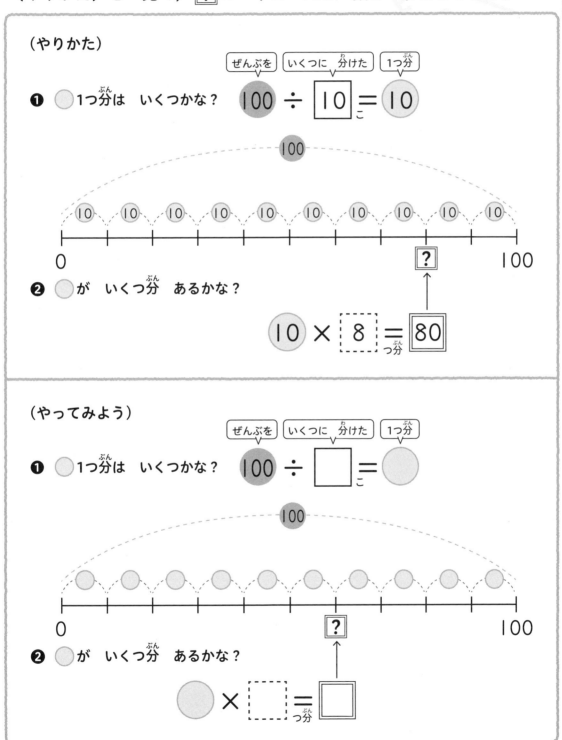

学習のポイントとすすめ方

序数性と基数性の考え方を組み合わせて解く

15・16（P.120～131）では、数の位置関係や大きさの変化に注目させて数直線の指導を行いました。これらの理解が進んだら、つぎは、それらの考え方を組み合わせた『0から始まらない数直線』の問題に取り組みます。

　問題を解くには、加減乗除すべてを使う必要があるため、それぞれの計算の意味が理解できているかについても確認しましょう。

加減乗除すべてを使って答えを導く（プリント P.134、P.135）

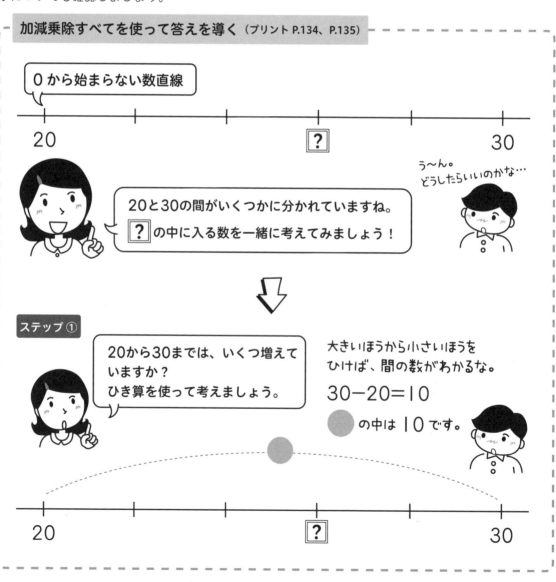

0から始まらない数直線

20　　　　　　　　　　　　　?　　　　　　　　30

20と30の間がいくつかに分かれていますね。
? の中に入る数を一緒に考えてみましょう！

う〜ん。
どうしたらいいのかな…

ステップ①

20から30までは、いくつ増えていますか？
ひき算を使って考えましょう。

大きいほうから小さいほうを
ひけば、間の数がわかるな。

30−20＝10

の中は 10 です。

20　　　　　　　　　　　　?　　　　　　　　30

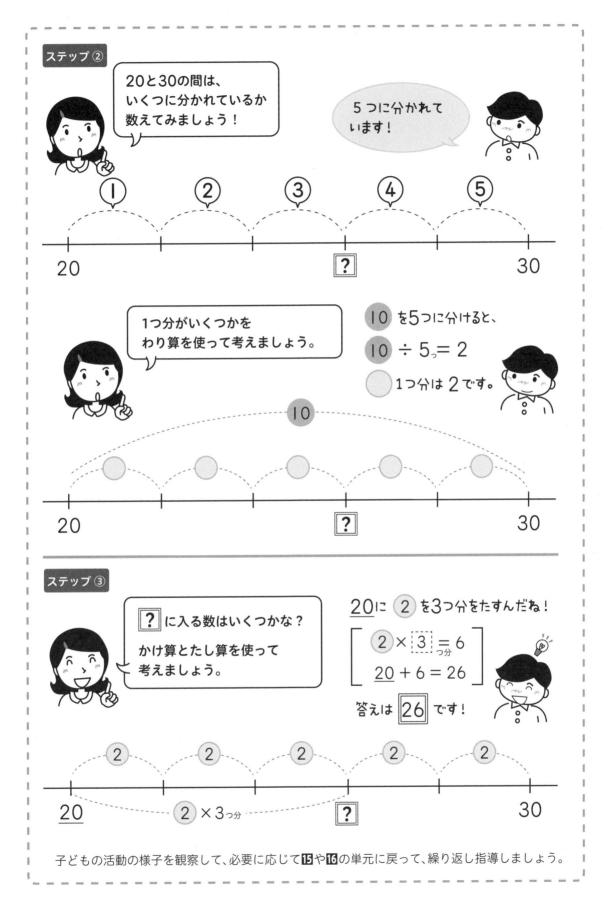

子どもの活動の様子を観察して、必要に応じて15や16の単元に戻って、繰り返し指導しましょう。

17-1

? の 中に 入る 数を 答えましょう。

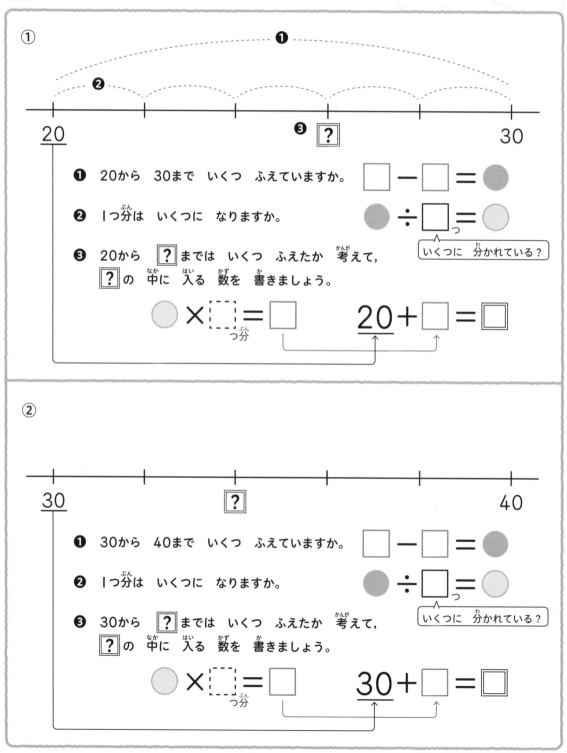

①

20 ③ **?** 30

❶ 20から 30まで いくつ ふえていますか。 □ ー □ ＝ ●

❷ 1つ分は いくつに なりますか。 ● ÷ □ ＝ ○ つ

いくつに 分かれている？

❸ 20から **?** までは いくつ ふえたか 考えて，**?** の 中に 入る 数を 書きましょう。

○ × □ つ分 ＝ □ 20＋ □ ＝ □

②

30 **?** 40

❶ 30から 40まで いくつ ふえていますか。 □ ー □ ＝ ●

❷ 1つ分は いくつに なりますか。 ● ÷ □ ＝ ○ つ

いくつに 分かれている？

❸ 30から **?** までは いくつ ふえたか 考えて，**?** の 中に 入る 数を 書きましょう。

○ × □ つ分 ＝ □ 30＋ □ ＝ □

17-2

?の 中に 入る 数を 答えましょう。

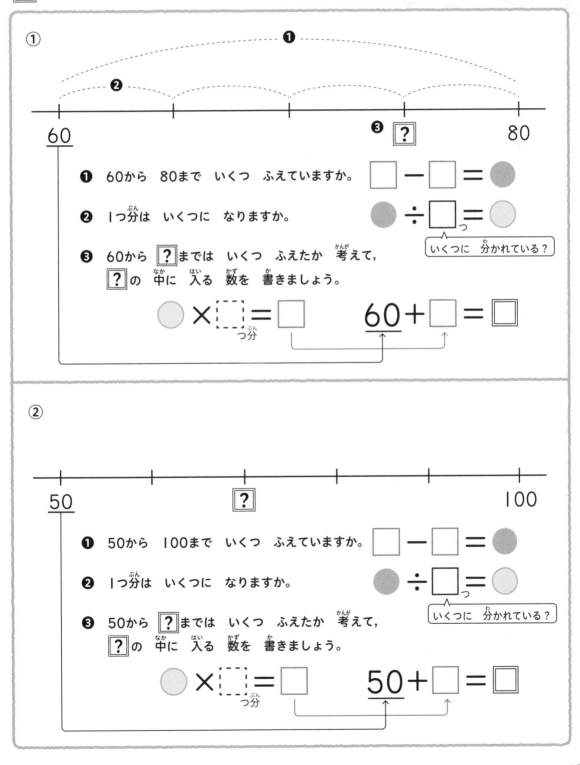

①

❶ 60から 80まで いくつ ふえていますか。　□ － □ ＝ ⬤

❷ 1つ分は いくつに なりますか。　⬤ ÷ □ ＝ ◯
つ

いくつに 分かれている？

❸ 60から ? までは いくつ ふえたか 考えて、
?の 中に 入る 数を 書きましょう。

◯ × ┊ ┊ ＝ □　　60 ＋ □ ＝ □
つ分

②

❶ 50から 100まで いくつ ふえていますか。　□ － □ ＝ ⬤

❷ 1つ分は いくつに なりますか。　⬤ ÷ □ ＝ ◯
つ

いくつに 分かれている？

❸ 50から ? までは いくつ ふえたか 考えて、
?の 中に 入る 数を 書きましょう。

◯ × ┊ ┊ ＝ □　　50 ＋ □ ＝ □
つ分

135

学習のポイントとすすめ方

目盛りが右に進むと量が増えることを理解する

　数直線で目盛り分、右に進むことは、数量がそれだけ増えていることを表すということをイメージできるように、〇番目の目盛りに〇個分と順番に物を積むことで、序数と基数を対応させて数直線を捉えるようにします。ここでは、数直線が進むこと（序数）を横向きの矢印、数量が増えること（基数）を上向きの矢印で示します。

目盛りは「基点からいくつ目か」に注目させる（プリント P.138、P.139）

お皿の上にアイスクリームの絵をかこう！

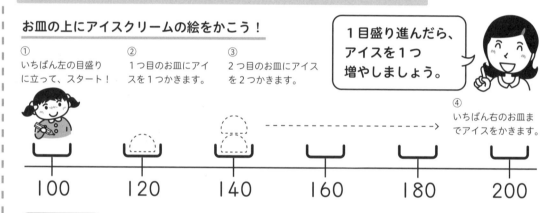

①
いちばん左の目盛りに立って、スタート！

②
1つ目のお皿にアイスを1つかきます。

③
2つ目のお皿にアイスを2つかきます。

④
いちばん右のお皿までアイスをかきます。

> 1目盛り進んだら、アイスを1つ増やしましょう。

指導のポイント

● 基点がどんな数でも基点に立ってスタートし、最初の目盛りのお皿にアイスクリームが1つ乗る。

● 1目盛り進むたびに、目盛りの上のお皿に乗るアイスクリームも1つずつ増える。

目盛りの量を理解させる（プリント P.138、P.139）

アイスクリーム1つ分はいくつかな？

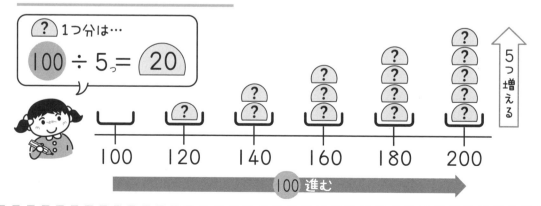

?1つ分は…

$$100 \div 5_っ = 20$$

5つ増える

100進む

? の中に入る数はいくつですか？

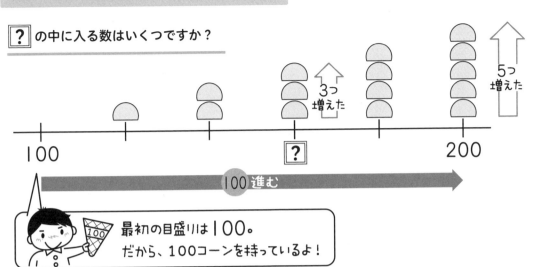

最初の目盛りは100。
だから、100コーンを持っているよ！

① 100 から 200 まで、いくつ進みましたか。　　$200-100=100$

② 左からそれぞれの目盛りにアイスを積んでいきます。一番右の目盛りにはアイスはいくつありますか。　　5つあります。

③ アイス1つ分は、いくつになりますか。　　$100 \div 5_っ = 20$

④ **?** の上のアイス3つ分は、いくつになりますか。　　$20 \times 3_{っ分} = 60$

⑤ **?** の中に入る数は、いくつになりますか。
100 コーンに乗せて考えてみましょう。

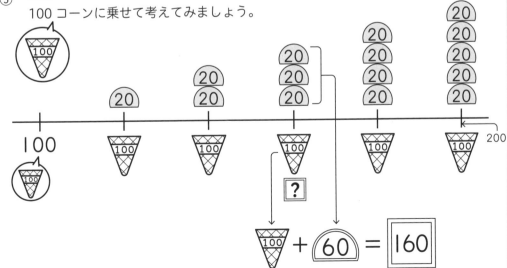

$100 + 60 = 160$

① きまりを　読んでから，おさらの　上に　アイスクリームの　絵を
かきましょう。

きまり	1めもり　すすんだら，アイスを　1つ　ふやします。

❶ いちばん　左の　めもりに　立ってから　スタートします。

❷ 1つ目の　おさらに　アイスを　1つ　かきます。

❸ 2つ目の　おさらに　アイスを　2つ　かきます。

❹ いちばん　右の　おさらまで　アイスを　かきます。

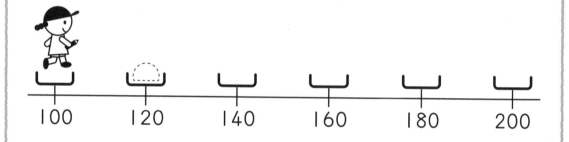

② ?1つ分は　いくつに　なるでしょう。

●，□，◗の　中に　入る　数を　それぞれ　書きましょう。

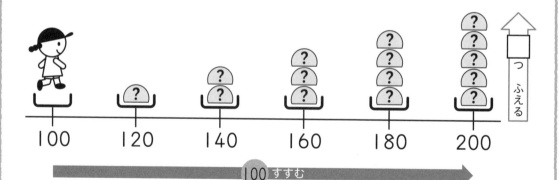

? 1つ分は…　●　÷　□つ　=　◗

① きまりを 読んでから，おさらの 上に アイスクリームの 絵を
かきましょう。

きまり	1めもり すすんだら，アイスを 1つ ふやします。
❶ いちばん 左の めもりに 立ってから スタートします。
❷ 1つ目の おさらに アイスを 1つ かきます。
❸ 2つ目の おさらに アイスを 2つ かきます。
❹ いちばん 右の おさらまで アイスを かきます。

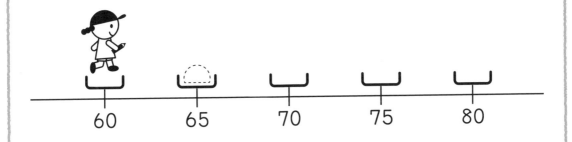

② ？1つ分は いくつに なるでしょう。

⬤，▢，◠ の 中に 入る 数を それぞれ 書きましょう。

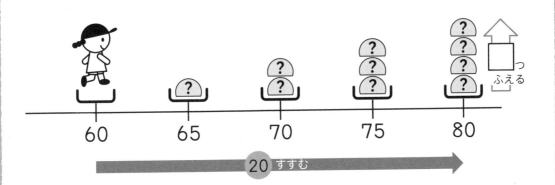

？1つ分は… ⬤ ÷ ▢っ = ◠

?　の　中に　入る　数を　考えていきます。

❶　100から　200まで，いくつ　すすみましたか。　　□ － □ ＝ ●

❷　いちばん　右の　めもりには，アイスは　いくつ　ありますか。　□つ　あります。

❸　アイス　1つ分は，　いくつに　なりますか。　　● ÷ □つ ＝ ◓

❹　? の　上の　アイスは　ぜんぶで　いくつに　なりますか。　　◓ × □つ分 ＝ ◓

❺　? の　中に　入る　数は　いくつに　なりますか。
　　100コーンに　アイスを　のせて　考えて　みましょう。

? の 中に 入る 数を 考えていきます。

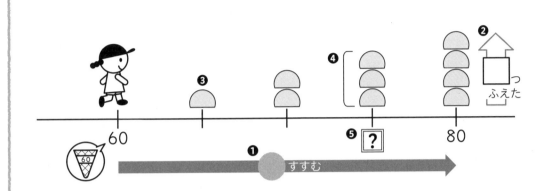

❶ 60から 80まで, いくつ すすみましたか。

$$\square - \square = \bullet$$

❷ いちばん 右の めもりには, アイスは いくつ ありますか。 $\square$ つ あります。

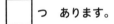

❸ アイス 1つ分は, いくつに なりますか。

$$\bullet \div \square_{つ} = \bigcirc$$

❹ ? の 上の アイスは ぜんぶで いくつに なりますか。

$$\bigcirc \times \boxed{}_{つ分} = \bigcirc$$

❺ ? の 中に 入る 数は いくつに なりますか。
60コーンに アイスを のせて 考えて みましょう。

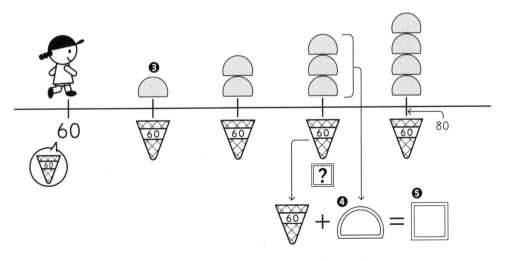

19 およその数（概数）を考える

学習のポイントとすすめ方

商となる数の見当をつけるために概数を理解する

わり算で商となる数の候補をあげる際に、ある程度の見当をつけるためには、「47は50に近い」「96は100に近い」など、およその数（概数）が感覚として身についていることが重要です。

数直線の目盛りの場所をイメージする（プリント P.144）

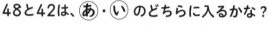

48と42は、**あ**・**い** のどちらに入るかな？

大きいほうは…
48

ステップ① 48と42は、どちらの数が大きいか考える。

ステップ② **あ**と**い**は、どちらが大きい数になるか考える。

いのほうが右にあって大きい数になるから…
いは48

比較する2つの数（48と42）の大きいほうは、数直線上では右のほうに小さいほうは、数直線では左のほうに該当することに気づかせます。

中間にある数と比べて考える（プリント P.145）

13は、**あ**・**い** のどちらに入るかな？

比べる数がないときはどうしたらいいかな？

ステップ① 数直線上の目盛りと目盛りの真ん中の数を考える。

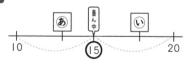

10と20の真ん中は…
15です。

ステップ② 13は（10〜15の間）か（15〜20の間）のどちらにあるか考える。

13は、10と15の間だから… **あ**に入るよ！

およその数（概数）の考え方を生活で生かす

買い物の場面でおよその数を活用する（プリント P.146、P.147）

　およその数の見当がつけられると、買い物などの場面で「だいたいいくらになるか」と、頭の中でおおまかに計算することができて便利です。こうした感覚は生活上でも大切なスキルになるので、日ごろから「これは、だいたいいくらになるかな？」と、子どもに声をかけながら意識させるとよいでしょう。

> 1つ195円のアイスがあります。
> このアイスは1000円で5こ買えますか。

買い物で
考えてみよう！

ステップ① 195円は，100円と200円のどちらに近いか考える。

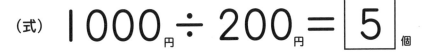

200円に近い！

ステップ② 195円を，およそ200円と考えて計算する。

（式）$1000_{円} \div 200_{円} = \boxed{5}_{個}$

200円のアイスは
5個買えます。

ステップ③ 195円と200円のどちらが安いか考え，195円で買える数を推測する。

> アイスは195円だったね。1000円で5個買えるかな？

え～っと、、、
195円は200円より安いから… **5個、買えます！**

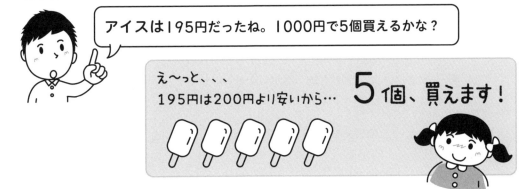

19-1

□の 中に 入る 数や ひらがなを 書きましょう。

① 48と 42は，あと いの どちらに 入るでしょう。

❶ 48と 42は，どちらの 数が 大きいでしょう。

❷ あと いは，どちらの 数が 大きいでしょう。

❸ あと いの それぞれに 入る 数を 書きましょう。

あ ☐　　　い ☐

② 382と 328は，あと いの どちらに 入るでしょう。

❶ 382と 328は，どちらの 数が 大きいでしょう。

❷ あと いは，どちらの 数が 大きいでしょう。

❸ あと いの それぞれに 入る 数を 書きましょう。

あ ☐　　　い ☐

19-2

□の 中に 入る 数や ひらがなを 書きましょう。

① 13は，あと いの どちらに 入るでしょう。

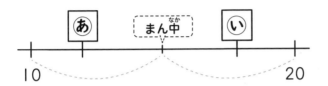

あ　まん中　い

10　　　　　　　20

❶ 10と 20の まん中の 数は いくつでしょう。

❷ 13は，あと いの どちらに 入るでしょう。

② 573は，あと いの どちらに 入るでしょう。

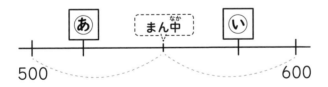

あ　まん中　い

500　　　　　　600

❶ 500と 600の まん中の 数は いくつでしょう。

❷ 573は，あと いの どちらに 入るでしょう。

19-3

もんだい　1つ　198円の　アイスが　あります。
このアイスは　1000円で　5こ　買えますか。

❶ 198円は　100円と　200円の　どちらに　近いか　考えましょう。

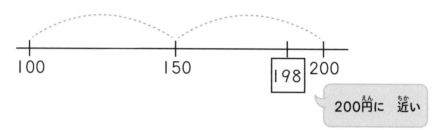

200円に　近い

❷ 198円を　およそ200円と　考えて　計算しましょう。

（しき）　$1000円 \div 200円 = $　□　こ

❸ 200円の　ものは　□　こ　買えます。

❹ 198円は　200円より　安いので，このアイスは　1000円で…

5こ　買える　　　　　　　5こ　買えない

正しい　答えに　○を　つけましょう。

もんだい 1つ 210円の アイスが あります。
このアイスは 1000円で 5こ 買えますか。

❶ 210円は 200円と 300円の どちらに 近いか 考えましょう。

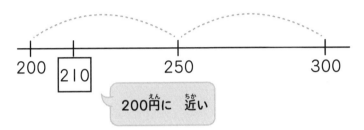

200　210　250　300

200円に 近い

❷ 210円を およそ200円と 考えて 計算しましょう。

(しき) $1000_円 \div 200_円 = \boxed{}$ こ

❸ 200円の ものは $\boxed{}$ こ 買えます。

❹ 210円は 200円より 高いので，このアイスは 1000円で…

5こ 買える　　　　5こ 買えない

正しい 答えに ○を つけましょう。

147

1 かけ算の意味を理解する①　～1あたりの数～

1−1（P.12）	① 2つぶずつ×4ふさ　　② 5人ずつ×3台　　③ 4人ずつ×4台
1−2（P.13）	① 3まいずつ×2人　　② 1ぴきずつ×3人　　③ 6こずつ×5さら
1−3（P.14）	（かけ算）2こずつ×4ふくろ＝8こ　　　（たし算）8こ　　（答え）8こ
1−4（P.15）	（かけ算）3こずつ×5ふくろ＝15こ　　　（たし算）3こ＋3こ＋3こ＋3こ＋3こ＝15こ　　（答え）15こ
1−5（P.16）	（かけ算）7×4＝28　　（たし算）7＋7＋7＋7＝28　　（答え）28本
1−6（P.17）	（かけ算）8×3＝24　　（たし算）8＋8＋8＝24　　（答え）24こ

2 九九表を理解する①　～ミニ九九表の作成～

2−1（P.20）	3×4＝12　　3×5＝15
2−2（P.21）	① 4×3＝12　　4×4＝16　　4×5＝20　　② 5×2＝10　　5×3＝15　　5×4＝20　　5×5＝25
2−3（P.22）	① 2×3＝6　　2×5＝10　　② 3×2＝6　　3×4＝12
2−4（P.23）	① 4×3＝12　　4×5＝20　　② 5×2＝10　　5×4＝20

3 九九表を理解する②　～九九表の仕組み～

3−1（P.26）	① 4こずつ×5つ，5こずつ×4つ　　② 3こずつ×6つ，6こずつ×3つ
3−2（P.27）	① 2本ずつ×8つ，8本ずつ×2つ　　② 7こずつ×4つ，4こずつ×7つ
3−3（P.28）	① 1　　② 2　　③ 8　　④ 7　　⑤ 3
3−4（P.29）	① 2　　② 3　　③ 8　　④ 5　　⑤ 4

4 かけ算の意味を理解する②　～倍の概念～

4−1（P.32）	① 1）3こ×2ばい＝6こ　　2）3こ×3ばい＝9こ　　② 1）2まい×2ばい＝4まい　　2）2まい×3ばい＝6まい ③ 1）5まい×2ばい＝10まい　　2）5まい×3ばい＝15まい
4−2（P.33）	① 3本×2ばい＝6本，3本×3ばい＝9本　② 5こ×4ばい＝20こ　③ 3本×3ばい＝9本　④ 2こ×4ばい＝8こ
4−3（P.34）	（かけ算）4×3＝12　　（答え）12こ
4−4（P.35）	（かけ算）3×5＝15　　（答え）15こ

5 かけ算の文章題を解く

5−1（P.38）	（かけ算）8×4＝32　　（答え）32こ	5−5（P.42）	（かけ算）5×2＝10　　（答え）10本
5−2（P.39）	（かけ算）3×9＝27　　（答え）27こ	5−6（P.43）	（かけ算）3×3＝9　　（答え）9羽
5−3（P.40）	（かけ算）4×4＝16　　（答え）16人	5−7（P.44）	（かけ算）7×4＝28　　（答え）28ひき
5−4（P.41）	（かけ算）5×6＝30　　（答え）30人	5−8（P.45）	（かけ算）3×4＝12　　（答え）12まい

6 わり算の意味を理解する①　～等分除～

6−3　（P.50）	① 12÷3＝4　　② 12÷4＝3
6−4　（P.51）	① 8÷2＝4　　② 9÷3＝3
6−5　（P.52）	（式）15÷3＝5　　（意味）15つぶのさくらんぼを3人に分けると，1人分は5つぶになる。　　（答え）5つぶ
6−6　（P.53）	（式）20÷4＝5　　（意味）20まいのクッキーを4人に分けると，1人分は5まいになる。　　（答え）5まい
6−9　（P.56）	① 9÷4＝2あまり1　　② 9÷5＝1あまり4
6−10（P.57）	① 13÷2＝6あまり1　　② 14÷3＝4あまり2
6−11（P.58）	（式）15÷2＝7あまり1　（意味）15つぶのさくらんぼを2人に分けると，1人分は7つぶになり，1つぶあまる。 （答え）1人分7つぶ，あまり1つぶ
6−12（P.59）	（式）10÷4＝2あまり2　（意味）10まいのクッキーを4人に分けると，1人分は2まいになり，2まいあまる。 （答え）1人分2まい，あまり2まい

7 わり算の意味を理解する②　〜包含除〜

7−3　(P.64)	① 12÷2＝6　　② 12÷6＝2
7−4　(P.65)	① 8÷2＝4　　② 15÷3＝5
7−5　(P.66)	(式) 10÷2＝5　　(意味) 10つぶのさくらんぼを2つぶずつ分けると，おさらは5まいになる。　　(答え) 5まい
7−6　(P.67)	(式) 10÷5＝2　　(意味) 10まいのクッキーを5まいずつ分けると，おさらは2まいになる。　　(答え) 2まい
7−9　(P.70)	① 9÷4＝2あまり1　　　② 9÷5＝1あまり4
7−10 (P.71)	① 13÷2＝6あまり1　　② 14÷3＝4あまり2
7−11 (P.72)	(式) 15÷2＝7あまり1
	(意味) 15つぶのさくらんぼを2つぶずつ分けると，おさらは7まいになり，さくらんぼは1つぶあまる。
	(答え) おさら7まい，あまり1つぶ
7−12 (P.73)	(式) 11÷3＝3あまり2
	(意味) 11まいのクッキーを3まいずつ分けると，おさらは3まいになり，クッキーは2まいあまる。
	(答え) おさら3まい，あまり2まい

8 わり算の答えをかけ算で出す

8−1 (P.76)	6÷2＝3
8−2 (P.77)	12÷4＝3
8−3 (P.78)	15÷5＝3
8−4 (P.79)	63÷7＝9　❶ 7　❷ 14　❸ 21　❹ 28　❺ 35　❻ 42　❼ 49　❽ 56　❾ 63　░の中はすべて7

9 わり算の「あまり」をひき算で出す

9−1 (P.82)	9÷4＝2あまり1
9−2 (P.83)	17÷6＝2あまり5　❶ 6×1＝6　❷ 6×2＝12　❸ 6×3＝18
9−3 (P.84)	61÷9＝6あまり7　　61−54＝7　　(答え) はこの数6はこ，あまり7こ
9−4 (P.85)	47÷7＝6あまり5　　47−42＝5　　(答え) はこの数6はこ，あまり5こ
	7×1＝7　7×2＝14　7×3＝21　7×4＝28　7×5＝35　7×6＝42　7×7＝49　7×8＝56　7×9＝63
9−5 (P.86)	(式) 19÷3＝6あまり1　❷ 3×6＝18　❶・❸ 19−18＝1
9−6 (P.87)	(式) 23÷4＝5あまり3　❷ 4×5＝20　❶・❸ 23−20＝3

10 大きな数のかけ算・わり算を解く

10−1 (P.90)	① 90	② 80	③ 150	④ 100	⑤ 600	⑥ 800
10−2 (P.91)	① 400	② 1500	③ 60000	④ 180000	⑤ 8000	⑥ 15000
10−3 (P.92)	① 60	② 150	③ 600	④ 400	⑤ 6000	
10−4 (P.93)	① 80	② 100	③ 800	④ 1500	⑤ 180000	
10−5 (P.94)	① 4	② 3	③ 6	④ 4		
10−6 (P.95)	① 2	② 3	③ 3	④ 2	⑤ 2	
10−7 (P.96)	① 40	② 3	③ 6	④ 4	⑤ 10	
10−8 (P.97)	① 2	② 3	③ 3	④ 2	⑤ 2	

11 たし算・ひき算のひっ算　〜基本〜

11−1 (P.100)

①	②	③	④	⑤
23 + 9 = 32	6 + 38 = 44	29 + 13 = 42	37 + 48 = 85	56 + 77 = 133

11−2 (P.101)

①	②	③	④	⑤
23 + 9 = 32	6 + 38 = 44	29 + 13 = 42	37 + 48 = 85	56 + 77 = 133

11−3 (P.102)

①	②	③	④	⑤
23 − 9 = 14	36 − 8 = 28	52 − 25 = 27	76 − 57 = 19	67 − 38 = 29

11−4 (P.103)

①	②	③	④	⑤
23 − 9 = 14	36 − 8 = 28	52 − 25 = 27	76 − 57 = 19	67 − 38 = 29

12 くり上がり・くり下がりの確認

12−1 (P.106)

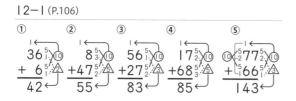

①	②	③	④	⑤
36 + 6 = 42	8 + 47 = 55	56 + 27 = 83	17 + 68 = 85	77 + 66 = 143

12−2 (P.107)

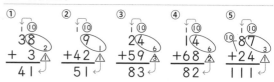

①	②	③	④	⑤
38 + 3 = 41	9 + 42 = 51	24 + 59 = 83	14 + 68 = 82	87 + 24 = 111

12−3 (P.108)

①	②	③	④	⑤
54 − 25 = 29	67 − 39 = 28	35 − 6 = 29	46 − 8 = 38	133 − 14 = 119

12−4 (P.109)

①	②	③	④
301 − 126 = 175	703 − 235 = 468	5006 − 829 = 4177	2002 − 333 = 1669

13 かけ算のひっ算

13−1 (P.112)

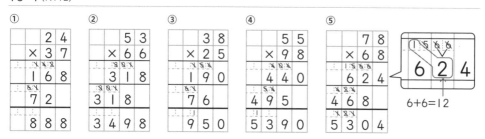

①	②	③	④	⑤
24 × 37 : 168 / 72 / 888	53 × 66 : 318 / 318 / 3498	38 × 25 : 190 / 76 / 950	55 × 98 : 440 / 495 / 5390	78 × 68 : 624 / 468 / 5304

6+6=12

13−2 (P.113)

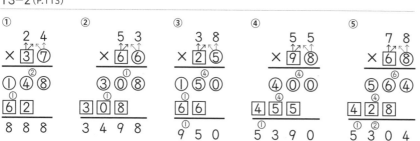

①	②	③	④	⑤
24 × 37 = 888	53 × 66 = 3498	38 × 25 = 950	55 × 98 = 5390	78 × 68 = 5304

14 わり算のひっ算

14-1 (P.116)

①
```
      3
24)7 2
    7 2
      0
```
```
  2 4
×   3
  7 2
```

②
```
      4 6
14)6 5 6
    5 6
      9 6
      8 4
      1 2
```
```
  1 4
×   4
  5 6
```
```
  1 4
×   6
  8 4
```

14-2 (P.117)

①
```
      2 8
19)5 3 2
    3 8
    1 5 2
    1 5 2
        0
```

②
```
      2 7
15)4 0 5
    3 0
    1 0 5
    1 0 5
        0
```

15 数直線の理解① 〜序数で考える〜

15-1 (P.122)	① 4, 8　② 4, 8　③ 10	
15-2 (P.123)	① 30, 80　② 40, 60　③ 100	
15-3 (P.124)	① 4, 4+2=6, 6　② 10+5=15, 15, 20+5=25, 25　③ 30+10=40, 40, 70+10=80, 80	
15-4 (P.125)	① 4, 2×3=6, 6　② 5×3=15, 15, 5が5つ分, 5×5=25, 25　③ 10×4=40, 40, 10×8=80, 80	

16 数直線の理解② 〜基数で考える〜

16-1 (P.128)	① 10を10こに分けた4つ分　② 10を5つに分けた2つ分　③ 20を4つに分けた2つ分
16-2 (P.129)	① 100を10こに分けた8つ分　② 100を5つに分けた3つ分　③ 100を2つに分けた1つ分
16-3 (P.130)	❶ 50÷5つ=10　❷ 10×3つ分=30
16-4 (P.131)	❶ 100÷10こ=10　❷ 10×6つ分=60

17 数直線の理解③ 〜0から始まらない数直線〜

17-1 (P.134)	① ❶ 30-20=10　❷ 10÷5つ=2　❸ 2×3つ分=6, 20+6=26
	② ❶ 40-30=10　❷ 10÷5つ=2　❸ 2×2つ分=4, 30+4=34
17-2 (P.135)	① ❶ 80-60=20　❷ 20÷4つ=5　❸ 5×3つ分=15, 60+15=75
	② ❶ 100-50=50　❷ 50÷5つ=10　❸ 10×2つ分=20, 50+20=70

18 数直線の理解④ 〜基数性の理解が苦手な場合に〜

18-1 (P.138)	② 100÷5つ=20
18-2 (P.139)	② 20÷4つ=5
18-3 (P.140)	❶ 200-100=100　❷ 5　❸ 100÷5つ=20　❹ 20×4つ分=80　❺ 100+80=180
18-4 (P.141)	❶ 80-60=20　❷ 4　❸ 20÷4つ=5　❹ 5×3つ分=15　❺ 60+15=75

19 およその数（概数）を考える

19-1 (P.144)	① ❶ 48　❷ い　❸ あ-42, い-48	② ❶ 382　❷ い　❸ あ-328, い-382
19-2 (P.145)	① ❶ 15　❷ あ	② ❶ 550　❷ い
19-3 (P.146)	❷ 5こ　❸ 5こ　❹ 5こ買える	
19-4 (P.147)	❷ 5こ　❸ 5こ　❹ 5こ買えない	

著者プロフィール

熊谷恵子

筑波大学人間系教授。博士（教育学）。東京出身。九州大学理学部化学科卒業、理系の仕事を経て、筑波大学大学院修士課程教育研究科障害児教育専攻修了、筑波大学大学院博士課程心身障害学研究科単位取得退学、その後、筑波大学助手、講師、助教授、準教授を経て現職。言語聴覚士、臨床心理士、特別支援教育士スーパーバイザー。発達障害のある人の支援に関わる研究を専門としている。

山本ゆう

松本大学教育学部学校教育学科専任講師。筑波大学大学院人間総合科学研究科障害科学専攻博士後期課程在籍。修士（特別支援教育学）（筑波大学）、修士（教育学）（兵庫教育大学）。6年間の小学校教員経験を経て、現在に至る。臨床発達心理士。公認心理師。発達障害のある子どもの臨床に携わりながら研究を進めている。

参考文献

熊谷恵子、山本ゆう（2018）『通常学級で役立つ 算数障害の理解と指導法—みんなをつまずかせない！すぐに使える！アイディア48』 Gakken

特別支援教育で役立つ かけ算・わり算の計算と文章題のドリル
算数障害のある子への指導法もわかる

2021年8月10日　第1刷発行
2023年2月6日　第2刷発行

著　者	熊谷恵子・山本ゆう
発行人	土屋 徹
編集人	滝口勝弘
企画編集	東郷美和
編集協力	岡本侑子（エアインフィニティー）
デザイン	藤崎知子（トライ スパイラル）、吉岡朋子
イラスト	小林麻美、吉岡朋子
発行所	株式会社Gakken
	〒141-8416　東京都品川区西五反田2-11-8
印刷・製本所	株式会社リーブルテック

《この本に関する各種お問い合わせ先》
●本の内容については、下記サイトのお問い合わせフォームよりお願いします。
　https://www.corp-gakken.co.jp/contact/
●在庫については　Tel 03-6431-1250（販売部）
●不良品（落丁、乱丁）については　Tel 0570-000577
　学研業務センター　〒354-0045 埼玉県入間郡三芳町上富279-1
●上記以外のお問い合わせ　Tel 0570-056-710（学研グループ総合案内）

©Keiko Kumagai　Yu Yamamoto　2021 Printed in Japan

学研グループの書籍・雑誌についての新刊情報・詳細情報は、下記をご覧ください。
　学研出版サイト　https://hon.gakken.jp/
　ヒューマンブックスのサイト　http://gakken.jp/human-care/